SOCIETY OF SPANISH AND SPANISH-AMERICAN STUDIES

DIRECTOR: LUIS GONZALEZ DEL VALLE

SSSAS promotes bibliographical, critical and pedagogical research in Spanish and Spanish-American studies by publishing works of particular merit in these areas. On occasion, the Society will also publish creative works. Although it does not exclude other time periods, the Society places special emphasis upon the twentieth century.

SSSAS: LITERARY CRITICISM 101

LA FICCION DE LUIS ROMERO

(ESTUDIO MONOGRAFICO)

LUIS y ANTOLIN GONZALEZ DEL VALLE

LA FICCION DE LUIS ROMERO

(ESTUDIO MONOGRAFICO)

SOCIETY OF SPANISH AND SPANISH-AMERICAN STUDIES

International Standard Book Number (ISBN): 0-89295-000-5

Library of Congress Catalog Card Number: 76-2177.

Printed in the United States of America.

Impreso en los Estados Unidos de América.

A DON JOSE MARIA GONZALEZ DEL VALLE Y HERRERO,
MARQUES DE LA VEGA DE ANZO

ADVERTENCIA PRELIMINAR

Este estudio monográfico sobre muchas de las obras de **Luis** Romero fue terminado durante el verano de 1973 y apareció hace unos meses en la revista *Cuadernos Hispanoamericanos* (número 302, agosto de 1975, páginas 346-400).

Nada ha sido alterado en esta impresión del ensayo. Desde que fue escrito, hemos descubierto muy poco material crítico sobre la producción de Romero. Tampoco ha aparecido nada nuevo del novelista. Ambas circunstancias nos hacen pensar que la publicación de nuestra monografía es **justificable** en estos momentos.

Esperamos que a través de nuestro estudio sea más conocida la obra de Luis Romero. Comprendemos, sin embargo, que es necesaria una investigación más completa. Aguardamos por su llegada.

Luis González del Valle
Kansas State University

Antolín González del Valle
*University of North Carolina
at Wilmington*

Febrero de 1976

La producción literaria del escritor español Luis Romero (1916) es considerable. De ella hemos decidido tomar aquellas obras que pueden ser calificadas «ficción». La tarea no ha sido fácil. Aunque sean ficción sus novelas *La Finestra* (1956) y *El Carrer* (1959), no han sido estudiadas aquí por estar en catalán. Tampoco hemos considerado los libros *Tres días de julio* (1967) y *Desastre en Cartagena* (1971). La primera obra ha sido calificada por José Corrales Egea como el mayor logro novelístico de Romero (1). Nosotros hemos optado por considerar estas dos obras como de «testimonio histórico». Si bien reconocemos que Luis Romero usa algunos personajes ficticios en ellas, también comprendemos que la estructura y otros elementos técnicos en *Tres días de julio* y *Desastre en Cartagena* están limitados al tratar los dos libros sobre asuntos históricos, siendo esta limitación la razón primordial de nuestra omisión.

Esta monografía considera siete novelas y dos libros de cuentos. Se comienza con *La noria* y se concluye con *El cacique*. Por las dos novelas ha recibido Romero dos premios de literatura: el «Eugenio Nadal» y el «Editorial Planeta». Además de *La noria* y *El cacique* se estudian *Carta de ayer*, *Las viejas voces*, *Los otros*, *Esas sombras del trasmundo* (cuentos), *Tudá* (cuentos), *La noche buena* y *La corriente*. El orden seguido es cronológico, debido a que se intentará en este ensayo establecer una línea de desarrollo en la ficción de Romero.

Lo más común al discutir las constantes en la producción de un escritor es referirse a sus temas. En este estudio se consideran los temas y las técnicas que aparecen en la ficción de Romero. El lector se dará cuenta prontamente de que en ocasiones hay desproporciones entre el espacio dedicado a cada libro. Ello se debe a la falta de homogeneidad y envergadura entre las obras.

---

(1) *La novela española actual*. Madrid. Editorial Cuadernos para el Diálogo, S. A., 1971, páginas 162-163.

«LA NORIA», EL GRAN TRIUNFO DE LUIS ROMERO

Recibió Luis Romero el premio «Eugenio Nadal» por su novela *La noria* en 1951. Quizá a ello se deba que ésta sea la obra más criticada y conocida de su producción (2).

TEMAS

Temáticamente en *La noria* cobran vida un conglomerado de conceptos diferentes y a la vez relacionados entre sí. Posiblemente si el lector, al finalizar su labor, retorna al título de la novela, sus impresiones sobre ella resultarán más claras y definibles. Para ello se necesitará asociar cuanto se ha leído con la máquina hidráulica llamada «noria». Los cangilones de este artefacto podrían ser asociados con los personajes de la novela. Ambos son unidades definibles y que por su posición en una máquina o en la vida no pueden romper sus fronteras. En los personajes la inhabilidad de romper con lo que los oprime lleva a una falta de comunicación que degenera en un sentido de soledad y de vacío. Ellos se sumergen cual los cangilones: los unos, en la vida, y los otros —los mecánicos—, en el pozo. Otra característica de la «noria» como máquina hidráulica es su constante girar, lo cual siempre implica la ausencia de cambio. Al proyectar esta imagen a la novela, descubrimos que los personajes de *La noria* poseen características similares (3): todos tienen frustraciones, sufrimientos, deseos de mejora. Es en esta igualdad entre ellos donde reside su hermandad con la comunidad. El proceso vital descrito en la primera novela de Romero es tan estático como el de la labor de la noria al extraer agua. Los personajes de la novela son exponentes de una labor tan rutinaria como la de unos cangilones: lo que ellos experimentan es tan representativo del género humano, que se obtiene

---

(2) Ejemplifican este interés, entre otros: Andrés Amorós: *Introducción a la novela contemporánea*, Madrid, Anaya, 1971, p. 128; Pablo Gil Casado: *La novela social española (1942-1968)*, Barcelona, Editorial Seix Barral, S. A., 1968, pp. 263-264; Eugenio G. de Nora: *La novela española contemporánea*, t. III, 2.ª ed., Madrid, Editorial Gredos, 1970, pp. 150-151; Corrales Egea: p. 161; Juan Luis Alborg: *Hora actual de la novela española*, t. II, Madrid, Taurus, 1962, p. 313; Antonio Iglesias Laguna: *Treinta años de novela española (1938-1968)*, t. I, Madrid, Editorial «Prensa Española», 1969, p. 298; Fernando Guillermo de Castro: «Libros. *La noria*», *Indice de Artes y Letras*, 7, núm. 52, junio de 1952; José María Castellet: *Notas sobre literatura española contemporánea*, Barcelona, Ediciones Laye, 1955, pp. 55-57; José Luis Cano: Reseña de *La noria*, *Insula*, 78, 15 de junio de 1952; Antonio Vilanova: «*La noria*, de Luis Romero», *Destino*, 827, junio de 1953. William John Grupp: «Two Novels by Luis Romero», *Hispania*, 39, 1956, páginas 201-203. Olga P. Ferrer: «La literatura tremendista y su nexo con el existencialismo», *Revista Hispánica Moderna*, 22, 1956, p. 303, y Francisco Ynduráin: «Novelas y novelistas españoles (1936-1952)», *Rivista di Letterature Moderne e Comparate*, 3, 1952, p. 279.

(3) Ya Castellet (p. 56) se refirió en forma negativa a la igualdad que caracteriza a los personajes de *La noria* y cómo son distintos solamente en sus circunstancias. Para nosotros, en vez de ser dicha igualdad un error, es un acierto.

la impresión de que leemos sobre seres que se repetirán vez tras vez hasta el infinito (4). Queda entonces el proceso vital, la vida misma en sus características centrales, como algo que sucede siempre igual. Ejemplifica esta última idea lo que ha sido llamado en *La noria* el «himno de este pueblo» o, en otras palabras, el himno de la igualdad en las actividades diarias de cualquier lugar:

> Se escucha por las calles un ruido sano y reconfortante, música que los trasnochadores no perciben en este momento en que su derrota se ha consumado. Esta música, esta orquesta civil, es audible únicamente para quien acaba de remojarse con agua fresca. Y, aun, sólo la escucharán los iniciados. Es variada y sutil, y forma en su polifonía el himno de este pueblo. Todos los pueblos, todas las ciudades tienen su himno correspondiente, y el campo también posee su música propia. El concierto se inicia al amanecer (páginas 11 y 12) (5).

Si bien aquí se refiere el narrador de *La noria* a un momento preciso —el amanecer—, se podría decir que todos los momentos del día poseen, en un nivel arquetípico, su absoluto (6).

Con anterioridad nos hemos referido sin precisar a varios temas que aparecen en *La noria* (i. e., soledad, vacío). Pasemos ahora a considerarlos y a relacionarlos con otros.

A través de la novela se percibe a la sociedad como una organización opresiva. Hay que distinguir, sin embargo, que esta visión no se refiere esencialmente a instituciones específicas, ni a filosofías políticas, ni a la opresión de un segmento de la población (los ricos, por ejemplo) sobre otros. Es ésta una opresión que todos experimentan

---

(4) Alborg (p. 313) y Castro critican el hecho de que en *La noria* se da únicamente un capítulo a cada personaje. Para ellos los personajes no reciben la elaboración que requieren, y tal cosa provoca, en las palabras de Alborg, que el lector se sienta «defraudado». Las limitaciones anotadas por estos dos críticos llevan a Alborg aún más lejos:

> Y es que *La noria*, pese a lo tentador del símil, no es una «noria» propiamente: una noria torna y retorna una y mil veces con fatalidad de órbita, y sus vasos se oxidan y enmohecen en la tarea repetida de vaciar un mismo pozo. Pero en la «noria» de Romero es todo tan sin retorno, que sus gentes más bien podrían compararse a nubes pasajeras, imposibles de retener en la alada silueta de sus formas, o a bandadas de aves, presentadas en su hermosura y delicadeza, pero apenas conservadas unos instantes en nuestra retina.

De lo que Alborg no se da cuenta es que el «símil» de la noria no puede operar con una elaboración más detallada de los personajes porque ellos se ven limitados por el tiempo. El efecto repetitivo es conseguido en la novela cuando se identifica a los personajes con la humanidad. O sea, lo que ellos son lo serán otros y otros y otros... Lo interesante de todo esto es que en forma indirecta Alborg reconoce lo genérico en la obra, más adelante en su estudio: «... la novela puede reconocer modelos vivos en cualquiera de nuestras grandes urbes» (p 314).

(5) Citas y referencias a *La noria* provienen de la 7.ª edición, Barcelona, Ediciones Destino, 1968.

(6) Grupp (p. 202) considera que los héroes de *La noria* son no sólo las gentes de Barcelona o España, sino también la gente del mundo en general.

al formar parte de un mundo que han heredado al nacer. Las siguientes dos citas ilustran lo que estamos discutiendo. En ellas aparecen dos seres dispares, de dos niveles económicos distintos (Raquel y El *Sardineta*), que por diferentes razones ven sus existencias manipuladas por el mundo que les rodea:

> Se casó muy joven; era uno de los mejores partidos de la región y tenía numerosos admiradores que se sintieron, sin duda, defraudados ante la rápida selección que hizo, bien asesorada por los padres. Se casó, y está casada, claro, con una persona de gran prestigio y considerable fortuna, como por otra parte correspondía a sus méritos. No ha sido feliz en el matrimonio, aunque esto no trascienda más que al plano de los íntimos, o de los murmuradores. Aunque no con mucha frecuencia, se les ve juntos a marido y mujer y, desde luego, jamás están separados en lugares en que la etiqueta exige lo contrario. En el Liceo, al lado del frac de él —uno de los más elegantes de la sala—, el escote de ella prestigia el palco. En la vida privada ya es otra cosa; sus relaciones son más que frías, y el lecho conyugal hace cuatro años que ha dejado de serlo. No puede decirse que se odien ni que se aborrezcan, casi se son indiferentes, pero es indudable que se necesitan. La sociedad en que viven ha tejido a su alrededor una madeja de la cual resulta difícil escapar. Ella vive su vida, dentro de lo correcto, y él dentro de lo correcto y, algunas veces, fuera (pp. 114 y 115).

> Como quería trabajar, fue a los Sindicatos y le mandaron a la Oficina de Colocación. Deseaba colocarse de peón de la construcción. Naturalmente, para trabajar había que estar sindicado. Fue al Sindicato de la Construcción y le preguntaron si trabajaba en el ramo, pues sin ese permiso no le podían sindicar. Desde luego tenían razón; todos sabían más que él y le convencían en seguida. Además, era gente con cuello y corbata y hablaban tan bien, que él ¿qué podía objetarles? (p. 218).

En el caso de Raquel, ella necesita a su esposo para poder seguir viviendo sin felicidad. He aquí una paradoja. Con El *Sardineta* la opresión es distinta: su vida se ve reducida a niveles paupérrimos, sin que él pueda hacer nada por salir del callejón en que se encuentra.

La importancia de la sociedad como organización opresiva se percibe en sus efectos sobre el ser humano. Uno de los resultados es la soledad del individuo. Ello aparece en muchos personajes de *La noria*; entre ellos, Arístides, doña Clara y Paco:

> Planell sigue hablando y Roberto le da la razón casi siempre, y aunque se le ve bastante más inteligente, es evidente que le adula con cierta sorna...
>
> (—Me fatigan. Cansancio. ¿Qué sabe este cretino? ¿Qué dijo de Angel Ferrant? ¡Bah!... Zapatero, a tus zapatos. Comerciante, a tu vil oficio. La mujer, sí. Inteligente. Coqueta, claro. ¿Qué andará

tramando Roberto? ¿Sablazo? Fatiga. Desamparo. Solo. ¡Dios mío!, estoy solo) (pp. 76 y 77).

Está orgullosa de su obra y confía en que sus hijos, cuando se den cuenta de lo enorme de su sacrificio, se lo agradezcan. Pero también está triste. Los chicos van por las suyas, «mamá» por aquí, «mamá» por allá, pero no les ve en todo el día y apenas sabe nada de lo que piensan ni casi de lo que hacen. Sus relaciones comerciales son eso: comerciales nada más. «Señora» por aquí; «señora» por allá. Pero el mundo de estos seres con los que convive y lucha permanece cerrado. Con las amigas, algo parecido: «Clarita» por aquí; «Clarita» por allá, y alguna vez una confidencia, un chisme; frecuentemente, un cumplido. Pero nunca se tropieza de alma a alma con ninguna de ellas. Estuvo casada doce años y sabe que entre dos personas puede haber una comunicación íntegra, perfecta, total, aun sin hablarse apenas. Ella lo sabe bien, y por eso, porque sabe lo que es descansar en otra persona, comprenderla, no tener secretos, se siente un poco sola (p. 153).

Hortensia aparece muy marchosa y camina hacia el interior encendiendo luces. El hombre se lanza hacia ese aposento por el que tanto ha suspirado. Las sábanas estarán calientes, y ella le seguirá riñendo por no haberla llevado a una horchatería de la rambla de Cataluña, hasta que el sueño la rinda en alianza con el novelón de Katheen Winsor; él pensará en sus ahorros y contestará con aburridos monosílabos (p. 207).

En el lance de Arístides, él sostiene una conversación con varios amigos y ve la adulación de Roberto a Planell. Todo esto lo cansa y provoca que como conclusión se refiera a su soledad. Doña Clara, por su parte, evalúa su existencia y lo superficial de sus relaciones con otras gentes y se sabe sin nadie en quien confiar. Paco ilustra otro aspecto de la soledad: la imposibilidad de comunicación. Si bien él y su esposa se hablan, sus mentes están concentradas en asuntos sin ninguna relación. Paco es el hombre que se refugia en sí mismo, ya que cuanto le rodea le resulta extraño y distante.

Como es lógico, la soledad provoca en los personajes de *La noria* un sentido de vacío existencial. En el caso de Jorge Mas ello queda sintetizado en dos oraciones: «No está satisfecho de su vida: él necesitaría algo más auténtico» (p. 128). Lo mismo sucede con el hijo de Mercedes. La pobreza, la realidad social (7), lo lleva a un

---

(7) Otro tema que aparece en *La noria* es el de la injusticia social. El hijo de Mercedes ve cómo aquello que lo impulsa a robar . la lucha constante que tiene que sostener «para mal vivir» (p. 138). Claro está, implícitamente los problemas que *La noria* presenta tienen sus raíces en la sociedad. Sin embargo, Romero se preocupa de los efectos que la sociedad ejerce en el individuo y no tanto en las malas circunstancias sociales, aunque, como ha dicho Andrés Amorós (p. 128), su visión de la sociedad «lleva implícito un deseo de testimonio o de reforma social». Véanse los comentarios de Romero al respecto en Francisco Olmos García: «La novela y los novelistas españoles de hoy», *Cuadernos Americanos*, 129, julio-agosto de 1963, p. 215.

asqueamiento (p. 142). Del vacío personal a un deseo de evasión de la realidad sólo hay un paso. Debido a ello, seres oprimidos, como el «cornudo» Esteban y el jugador Llorach, buscan en el alcohol una realidad más atractiva, un escape a aquello que les hace sufrir (páginas 227 y 261).

Entonces, temáticamente se centra *La noria* en la encrucijada en que vive el ser humano en sus relaciones con la sociedad; en los efectos producidos por la influencia del cosmos sobre el hombre, efectos de los cuales, en ocasiones, como hemos visto, están conscientes los personajes (8).

Es de notarse, por otro lado, que, si bien la visión general de la vida que desarrolla *La noria* es más bien negativa, la novela concluye con un capítulo que posee aspectos positivos. Es en este capítulo donde rige la perspectiva de un cura, del padre mosén Bruguera. Es éste un hombre sacrificado, a la vez que admite sus debilidades. El cura ve con tristeza cómo se apartan ciertos segmentos de la población de la Iglesia (*i. e.*, los trabajadores). Dicha separación le duele, aunque no por ello pierda su fe. Es su fe tan gigantesca, que, aun vn detalle tan natural como la luz del día, él ve un ejemplo de la gracia divina: «¡Qué hermosura de luz sobre las piedras! Nada es feo, Señor; todo es hermoso, hasta estas viejas casas las embellece tu luz piadosa. Cada día ando peor. Es buena hora» (p. 279). A través de todo el capítulo son muchas las referencias a la luz como regalo de Dios. Aún más: el capítulo se titula «El alba» (9). Ambas, la luz y el nacimiento del día, le otorgan a las últimas páginas de *La noria* una aureola de esperanza que ha estado ausente en el resto de la novela. Queda implícito entonces que, si bien sufre el ser humano en este mundo, el hecho de que vive puede ser tomado como algo por lo cual es afortunado. El proceso vital así lo requiere (10).

---

(8) Al respecto véanse las ideas de Iglesias Laguna, p. 297, y Olga Ferrer, p. 303.

(9) De interés es que, a través de la novela, los capítulos poseen títulos relacionados a lo que ellos contienen. Los hay como «La sentencia», que se refieren a la motivación fundamental del capítulo (en este caso, cómo el abogado Carlos Pi espera el dictamen de su médico para saber si está contaminado de sífilis. Para Carlos este dictamen es una sentencia, ya que él se siente culpable por sus correrías amorosas). Otros capítulos tienen el nombre de una persona, porque cuanto se da en ellos trata de crear un cuadro del individuo estudiado (por ejemplo, «Raquel»).

(10) Que aquí el narrador está poniendo énfasis en que todos estos sufrimientos son manifestaciones del proceso cíclico vital y que en ellos reside la esperanza que la vida siempre trae consigo se aclara en los siguientes párrafos:

«En la ciudad se ha abierto un paréntesis y otra vez las gentes se preparan para lanzarse a la vida. Los más todavía duermen, pero el sol aparecerá dentro de un momento y se abrirán los balcones y volverá la vida a los corazones que reposan...

Las gentes tejerán otra vez sus vidas, sus trabajos, sus deseos, sus amores, sus odios, sus problemas, sus vicios, sus esperanzas, sus anhelos, sus fatigas.

TECNICAS

Para Luis Romero, las fórmulas literarias sirven para plantear «problemas fundamentales que afectan a las relaciones de los hombres entre sí...» (11). Y añade el novelista que: «Una vez que he concebido una novela, me pongo a escribirla. En cada caso elijo la forma narrativa que me parece más eficaz para decir lo que deseo, más adecuado para contar lo que me propongo» (12). De estas afirmaciones surge en parte el hecho de que nos detengamos en los aspectos técnicos de *La noria* con la esperanza de determinar su efectividad en la expresión de los temas de la novela.

La. noria está subdividida en treinta y siete capítulos, que se concentran cada uno en un personaje central. Sirve para darle unidad a la obra el hecho de que cada nuevo personaje es introducido con alguna o poca elaboración en el capítulo anterior. En esta forma tenemos que el primer capítulo se concentra en la prostituta Dorita, mientras en el segundo habla del taxista que la llevó a su casa. En este ejemplo, el taxista casi no había recibido atención en el capítulo anterior. En otras ocasiones, como en los capítulos que tratan de doña Clara (pp. 150 — 157) y Raimundo (pp. 158 —163), la elaboración de un personaje como Raimundo es considerable en el capítulo que le precede.

La crítica no ha sido unánime en la evaluación de la estructura de *La noria*. Bien podría decirse que son muchos los que opinan que es deficiente, ya que en unas pocas páginas es imposible conseguir la creación de un personaje (13). Más cercana a nuestra opinión es la de Pablo Gil Casado, quien afirma que «*La noria* trata, en esencia, de dar una visión global por medio de una estructura fragmentada» (14). Efectivamente, si miramos los temas de la novela, veremos que la «visión global» o genérica que estos personajes proyectan concuerda con lo que se propuso y consiguió Romero. La multitud de personajes con características que constituyen nexos que los hermana y permite, por consiguiente, su proyección a la humanidad en su totalidad es algo logrado en *La noria*. Ya Romero se ha expre-

---

sus mentiras, sus sueños, sus esfuerzos, sus generosidades, sus impulsos, sus ternuras; esta historia se repite con escasas variantes desde hace siglos.
  Los domingos se leen desde el presbiterio los sucesos parroquiales: bautizos, matrimonios, defunciones; defunciones, bautizos, matrimonios... En las vidrieras se refleja el primer rayo que se rompe en arco iris por el aire de la iglesia. Acaba de salir el sol» (pp. 279-280).

(11) Olmos García, p. 215.
(12) «Luis Romero: Su obra y su actitud», *El Libro Español*, 7 febrero de 1964, p. 46.
(13) Véanse a Corrales Egea. p. 161; Nora, pp. 150-51, nota 28, y a Castellet, p. 55.
(14) Casado. p. 263.

sado sobre cómo, en su opinión, el escritor tiene en ocasiones que concentrarse en algo que ejemplifica otro algo más amplio:

> Si se aplica una lente a una porción de cualquier escrito o lámina, se verá cómo el espacio abarcado por esa lente se destaca y adquiere una inusitada presencia que llega a eclipsar el resto de lámina o escrito.
>
> He aquí lo que es la novela, o por lo menos cierta clase de novela, con respecto a la vida total de la humanidad o de un cuerpo social determinado (15).

No sólo es la estructura en capítulos de *La noria* efectiva por su concentración (o enfoque del lente) en un personaje, sino también porque cada capítulo, en su énfasis en un individuo, en su fragmentación, condensa la esencia temática de la novela; somos seres aislados que no podemos romper nuestras fronteras (fronteras sociales y estructurales en lo que atañe a la unidad de cada capítulo). Podría decirse que es pobre la unidad entre los capítulos, sus lazos. Sin embargo, es necesario recordar que esos mismos lazos, en un nivel humano, son también débiles en las actividades diarias de los personajes. Estos son «individuos-cangilones», que como tales resultan unidades definidas y distantes. La división general de la novela en capítulos contribuye a los objetivos temáticos de *La noria*.

Fuera de lo ya mencionado con respecto a la estructura de la obra, hay otro factor que es también importante. *La noria* da un día en la vida de un grupo de personas (16). Cuando Romero escoge este período de tiempo, lo hace como un ciclo que es asequible al novelista por sus limitaciones y que le permite afirmar implícitamente: «he aquí un día entre muchos de la vida de varias personas». En esta forma está ratificada la imagen de repetición que el título y los objetivos de la novela desean proyectar. Que *La noria* trata de dar una visión de las rutinas diarias de la vida es algo patente en el primer párrafo de la novela:

> Empieza a amanecer. No se sabe cuándo surgió esta leve claridad sobre las azoteas de la ciudad. Una sonoridad desconocida, nueva, vibra en el aire, y en la atmósfera se está produciendo el diario milagro (p. 9).

Lo que aquí está sucediendo, el amanecer, es algo que se repite sin lugar a dudas diariamente (17).

---

(15) «Prólogo» *Los otros*, Barcelona, Ediciones Destino, 1956, p. 9.
(16) Como es natural, en este día la gente tiene que recordar su pasado y pensar en su futuro. Ambas cosas amplían el horizonte temporal de la obra.
(17) Otros dos buenos ejemplos aparecen en las páginas 271 y 279.

Al hablar de la estructura de *La noria* debe también añadirse que la novela posee pequeños detalles por los cuales el autor le da unidad, sin que ello detraiga del efecto fragmentario que paralela sus temas. Al respecto se pueden citar tres cosas:

Primeramente, un intento de dar mayor densidad temporal a cuanto es narrado a través de la presentación de sucesos que coexisten temporalmente. Por ejemplo, cuando Alicia almuerza con sus padres y se ven varias acciones simultáneas.

> El padre, con la boca llena, sigue sin que nadie le escuche:
> —Vinieron los de Fiscalía; yo me di cuenta en seguida y mandé a Puig que...
> (—Esta tarde a La Masía. Buen ambiente. Bailar un rato. Ignacio, guapo, fuerte, tostado. ¿Casarse? ¡Hummm! No me fío un pelo. Treinta y siete años; mala edad. Duros de pelar. Ingeniero; guapo. ¡Que rabien! Finca papá.)
> La pequeña ha derramado una copa de agua sobre el mantel; un mantel bordado que, si no fueran tan ricos, reservarían para los domingos (p. 61) (18).

Aparece implícito en este fragmento que si bien la realidad que debe interesarnos es la de Alicia, otras realidades coexisten con la de ella. El intento de dar mayor realidad no sólo se manifiesta en lo que sucede dentro de cada capítulo. Se puede concluir que en ocasiones hay capítulos donde ocurren sucesos que coinciden temporalmente y en esencia con lo que pasa en otros capítulos (por ejemplo, la entrada de don Álvaro a la librería en las pp. 29 y 31).

Segundo, la presentación de una doble perspectiva de algo como cuando Lola y don Alvaro se evalúan mutuamente:

> (—Debe ser alguna novela. ¿Valbuena? ¿Valbuena? Me mira mucho; ahora se fija en las piernas... Ya se va a curiosear los libros de la estantería. ¡Qué hombre estrafalario! Siempre preguntando por libros raros. No sé para qué querrá esos tostones) (p. 30).
> (—Desde luego no lo voy a comprar..., no; me han dicho que cuatrocientas y pico, pero voy a enterarme bien del precio por si acaso...; también podría vender el viejo y añadir la diferencia. No está Rogelio; preguntaré a la chica. ¡Qué piernas! Tonta; casi del todo..., no tiene idea de lo que le pregunto. Seguro que cree que es un libro de cocina o cualquier bobada) (p. 31) (19).

Dos son los resultados de esta doble perspectiva: se establece una unidad cronológica entre dos capítulos, ya que ambos persona-

---

(18) Otro ejemplo, en la página 10.
(19) Algo similar ocurre en las páginas 122 y 124.

jes piensan a la vez, y se mantiene la idea de que cada ser es una isla infranqueable, debido a que ve las cosas bajo un cariz distinto al sostenido por los demás.

Por último, se mantiene la unidad de la novela por medio de referencias a asuntos secundarios que se repiten como resultado de que todos los personajes conviven en una misma ciudad. En la página 10, Juanchu le da un ramo de claveles a Dorita. Estos claveles acaban de ser cortados y todavía «traen gotas de rocío de las huertas». Casi al terminar la novela, al amanecer del siguiente día, hay una nueva referencia a la flores: «A la Rambla ha llegado el primer carro de flores; un carrillo ligero, tirado por una jaquita madrugadora. Vienen húmedas y fragantes para perfumar la ciudad, para redimirla» (p. 263). La humedad de las flores, en el ayer como el hoy de la novela, ratifica el proceso cíclico de cuanto sucede. Otro detalle que también se repite y que, por tanto, da unidad lo es la mención hecha en las páginas 19 y 42, a un discurso del ministro de Obras Públicas que aparece en la primera plana de un periódico.

De gran importancia técnica en *La noria* son también los métodos narrativos que se utilizan en esta novela. Sobre este aspecto se han concentrado varios críticos en forma negativa (20). Es nuestra opinión que ninguno de ellos ha ofrecido un análisis de cómo son estas técnicas ni de sus objetivos. En *La noria* se ven monólogos interiores, *stream of consciousness*, descripciones y comentarios del narrador y diálogos.

Los monólogos interiores que se observan aquí son de dos clases: indirectos y directos (21). Ejemplos de los monólogos interiores indirectos son muy comunes: «En el cogote, bajo el cabello, la manga de él le está haciendo cosquillas. Diez horas antes no se conocían siquiera, pero está acostumbrada a exprimir la amistad como si fuera un limón hasta dejarla sin jugo» (p. 9). En ese pasaje se escucha a Dorita en tercera persona reflexionando sobre Juanchu. Al mismo tiempo se percibe la presencia del narrador guiando al lector cuando dice: «está acostumbrada a exprimir la amistad como si fuera un limón hasta dejarla sin jugo» (22). Lo que complica en la novela

---

(20) Véanse a Casado, pp. 263-264; Iglesias Laguna, p. 298; Castro y a Vilanova. Más que nada estos escritores consideran un error de la novela esos pasajes que aparecen asimilados en todos los capítulos y que se caracterizan por un poco de incoherencia.

(21) Utilizamos esta terminología según es definida por Robert Humphrey: *Stream of Consciousness in the Modern Novel*, Berkeley y Los Angeles, University of California Press, 1968.

(22) Humphrey define el monólogo interior indirecto en la forma siguiente:

> *Indirect interior monologue is, then, that type of interior monologue in which an omniscient author presents unspoken material as if it were directly from the consciousness of a character and, with commentary and description, guides the reader through it* (p. 29).

la técnica que estamos discutiendo es que en ocasiones el narrador no se limita solamente a guiarnos a través de los pensamientos de un personaje como Dorita. En ocasiones él ofrece sus propios comentarios, como cuando habla de cosas que Dorita no ha visto:

> Por la Ronda marchan los tranvías chirriantes, como rojas banderolas que anunciarán el alba ciudadana. Y ahora, si Dorita se preocupara de semejantes cosas, vería las palmeras más cultas de estos contornos: las que se balancean airosamente en la plaza de la Universidad (p. 11).

> Este barrio ha sufrido una gran transformación, aunque Dorita lo ignore, porque ella hace solamente cinco años que llegó del pueblo (p. 12).

En los dos trozos, el narrador es omnisciente, ya que sabe lo que ella ha pensado. Ahora bien, que el narrador le añada matices a cuanto ocurre en la obra no es algo que le reste efectividad a la novela. *La noria* sólo decae en lo que a los comentarios del narrador se refiere cuando estos comentarios pierden su objetividad. En la página 74 aparece un pasaje que ilustra cómo el narrador inmiscuye sus opiniones a la acción. Aquí está hablando del homosexual Arístides: «En la vida de este hombre hay un secreto que algunos conocen y otros sospechan (no hablo de los que lo comparten).» Esta observación irónica, entre paréntesis, sobre los homosexuales con quienes se relaciona Arístides, resulta innecesaria en la obra y refleja la posición displicente del narrador hacia algo con lo que no concuerda (la homosexualidad). El efecto que la imposición de su moral personal crea en varios lugares en *La noria* es negativo, porque los entes de ficción de la novela pierden su libertad, al mismo tiempo que se destruye la distancia entre creador y criatura. Que es contraproducente la intervención del narrador se percibe claramente con el personaje Carlos Pi. No es necesario que el narrador se salga de su camino para interpretar a un personaje, y, lo que es más, sería preferible que Carlos Pi adquiriera vigencia ante el lector sin ayuda de nadie:

> El cine Publi es el refugio de los que necesitan asesinar aproximadamente una hora; también es bueno para quien necesita olvidar algún problema por el mismo espacio de tiempo. Entre estos últimos está Carlos Pi, hombre mimado por la fortuna y envidiado por cuantos le conocen (p. 104) (23).

---

(23) Algunos otros lugares donde aparece el narrador lo son las páginas 111, 134, 180 y 190. Nótese además que no concordamos con Grupp, 202, para quien cuanto es descrito en la novela tiene sus orígenes en los personajes y no en su autor.

La presencia del narrador o el autor en *La noria* es algo muy significativo si se tienen en cuenta algunos comentarios hechos por Romero:

> El autor no puede responsabilizarse con la forma cómo ven las cosas sus personajes, a los que forzosamente ha de dejar en libertad. La responsabilidad que acepta plenamente el autor es la de la novela en sí (24).
>
> —... he permitido a los personajes expresarse con libertad, y únicamente de cuando en cuando —son fallos o privilegios del oficio— aparece, confundida las más de las veces con las del personaje, la opinión del novelista, o se desliza algún comentario formulado casi al margen de su voluntad (25).

Estas opiniones, que son posteriores a *La noria* (1955 y 1956, respectivamente) acentúan la desorientación del novelista. En la primera habla de la libertad de los personajes, mientras que en la segunda no distingue entre si son deficiencias o privilegios sus intervenciones.

Los monólogos interiores directos no son tan comunes en *La noria* (26). Ellos aparecen asimilados a los monólogos interiores indirectos:

> La conversación se prolonga diez minutos o más, pues las mujeres son muy aficionadas al coloquio telefónico. Ignacio seguramente tenía prisa; hablaba mojado desde la cabina del Club; alguien estaba esperando y, sin embargo, no había manera de cortar la conversación. Por otra parte, Alicia ¡es tan hermosa! He dicho hermosa, pero no guapa, He dicho hermosa, pero no inteligente. He dicho hermosa, pero no buena; aunque tampoco creo que sea mala (pp. 58 y 59).

---

(24) «Aviso que podría parecer innecesario», *Las viejas voces*, Barcelona, Editorial Exito. Sociedad Anónima, 1955, p. 6.

(25) «Prólogo» *Los otros*, p. 9.

(26) Sobre el monólogo interior directo véanse las ideas de Humphrey:

> *Direct interior monologue is that type of interior monologue which is represented with negligible author interference and with no auditor assumed. It is the type of monologue that Dujardin is concerned with in his definition. An examination of its special methods reveals: that it presents consciousness directly to the reader with negligible author interference; that is, there is either a complete or near complete disappearance of the author from the page, with his guiding «he said» and «the thought» and with his explanatory comments. It should be emphasized that there is no auditor assumed; that is, the character is not speaking to anyone within the fictional scene; nor is the character speaking, in effect, to the reader (as the speaker of a stage monologue is, for example). In short the monologue is represented as being completely candid, as if there were no reader (p. 25).*
>
> *The basic difference between the two techniques is that indirect monologue gives to the reader a sense of the author's continuous presence; whereas direct monologue either completely or greatly excludes it. This difference in turn admits of special differences, such as the use of third-person instead of first-person point of view; the wider use of descriptive and expository methods to present the monologue; and the possibility of greater coherence and of greater surface unity through selection of materials (p. 29).*

El cambio de perspectiva, de tercera a primera persona, le da mayor intimidad a los pensamientos de Ignacio, siendo esta intimidad un objetivo deseable, ya que él está pensando sobre su novia.

Otro medio de expresión lo es un tipo de *stream of consciousness* (27). Nos referimos a aquellos pasajes en primera persona que aparecen señalados tipográficamente en la novela. Al llamarlos *stream of consciousness* lo hacemos con limitaciones, porque parecen estar en un período de gestación; o sea: no están totalmente logrados, debido en parte a su brevedad. De esta brevedad surge su defecto fundamental: en la exposición directa de los procesos mentales son estos párrafos bastante pobres. Además, su aparición en la novela, intercalados con monólogos interiores, establece un sentido de selectividad que les resta esa autenticidad que el *stream of consciousness* debe poseer. Si se tienen a personajes dando sus pensamientos en un nivel de preenunciación oral y directamente, ¿cómo es posible que esta perspectiva en la revelación de sus procesos mentales cambie si se supone que nadie sea partícipe de ella, la esté guiando?

Al considerar estos trozos, sin embargo, algo quedará evidente la mayoría de las veces: que en ellos se observan varias de las características del *stream of consciousness*. Tómese un ejemplo:

(—¡Qué *chic!* Buena orquesta. Mano suave, tabaco rubio. «No te fíes, no te fíes...» Espaldas anchas, tabaco rubio; de cine. «Vamos a ver, la ola marina / vamos a ver, las vueltas que da. / Hay un motor que camina p'alante. / Hay un motor que camina p'atrás...» ¡Tan feliz! No me importa. Bien, ¿quién sabe? «No te fíes..., no te fíes...» Pero... ¡me gustaba tanto! Guapa; vestido sastre, medias cristal. Su mano tan suave... apretaba educadamente. Luego..., ¡bueno, luego...! «¡Oh, señor Colón! / ¡Oh, señor Colón! / Mire usted cómo está el mundo. / ¡Oh, señor Colón...!» Locuras. Rabassada. «No vayas al Rigat..., no es para fiarse.» Envidia. Mi domingo, mío, mío. Amor. Hago lo que quiero; no me importa nada. Que me quiten lo bailado) (pp. 27 y 28).

Este párrafo presenta las ideas de Lola en forma directa, como ella las pensaba en un nivel anterior al oral. Estos son sus pensa-

(27) Sobre el *stream of consciousness* dice Humphrey:

The greatest problem of the stream-of-consciousness writer is to capture the irrational and incoherent quality of private unuttered consciousness and in doing so still to communicate to his readers. Readers in the twentieth century, after all, expect of language and syntax some kind of empirical order and completeness. Yet, if consciousness is to be represented at all convincingly, the representation must lack to a great degree these very qualities that a reader has a right to expect...
Consequently, the writer of stream-of-consciousness literature has to manage to represent consciousness realistically by maintaining its characteristics of privacy (the incoherence, discontinuity, and private implications), and he has to manage to communicate something to the reader through this consciousness (p. 62).

mientos privados. Lo entrecortado de las frases es producto de que ella no se está concentrando en un tópico específico. Más bien su mente está fluyendo libremente sobre algo que le interesa. Los tres factores que controlan sus asociaciones concuerdan con aquellos atribuidos al *stream of consciousness* (28). En sus pensamientos, Lola ejercita su memoria cuando recuerda sus bailes con Bernardo; lo sensorial también tiene cabida cuando asocia a Bernardo con el «tabaco rubio» (su olor, por supuesto), y, finalmente, se vale de su imaginación para actualizar lo ocurrido entre ellos. Otra técnica del *stream of consciousness* que aparece en el pasaje que estamos discutiendo es la suspensión de coherencia (29). Ilustra la técnica de suspensión de coherencia la frase «no te fíes, no te fíes...». Esta expresión se repite varias veces, y al estar en segunda persona llega a molestar al lector. Sin embargo, su sentido es apreciado cuando recordamos que con anterioridad Lola mencionó cómo sus amigas «le decían que no se fiara» de Bernardo. Al repetir esta frase Lola está recordando algo que tiene sentido para ella y que, por tanto, no necesita mayor elaboración si se desea mantener la impresión de que lo que leemos proviene directamente de su mente. La función de esta frase es darle al lector algo que facilitara la mejor comprensión de lo que le ha pasado a Lola: ella se confía y sostiene relaciones carnales con Bernardo.

Un último método narrativo a ser considerado es el diálogo. Si bien hay diálogos en la novela, no son muy comunes (30). Los hay entre

---

(28) Humphrey afirma al respecto:

> The chief technique in controlling the movement of stream of consciousness in fiction has been an application of the principles of psychological free association...
>
> The psyche, which is almost continuously active, cannot be concentrated for very long in its processes, even when it is most strongly willed; when little effort is exerted to concentrate it, its focus remains on any one thing but momentarily. Yet the activity of consciousness must have content, and this is provided for by the power of one thing to suggest another through an association of qualities in common or in contrast, wholly, or partially —even to the barest suggestion. Three factors control the association: first, the memory, which is its basis; second the senses, which guide it; and third, the imagination, which determines its elasticity (p. 43).

(29) Una explicación detallada de este término la da Humphrey en la página 66:

> What seems incoherent in the privacy of consciousness is actually only egocentric. The basis for this is the private relationships of the associations. Thus we have again to consider the functioning of free association in stream-of-consciousness fiction. We have seen in a previous chapter that free association is the chief principle by which the movement of any «stream» of consciousness is controlled It is a stabilizing factor, although a tenuous one. Often in Ulysses, for example, the associations are not explained at the time the process is indicated. The explanations may lie hidden several hundred pages separated from the association. Consequently, at the moment the association is made, unless the reader has a remarkable memory, the effect is one of incoherence. There will seem to be simply no logical reason for such a connection. The reason lies in the seeming lack of logic of psychological free association and in the egocentricity with which it functions in the psychic processes.

(30) Se ha referido al respecto José Luis Cano, 6.

dos personas (p. 199); el de un solo personaje, como cuando Felipe Asencio es atropellado (p. 149). y del tipo que sostiene Alicia con Ignacio. En este último sólo se le escucha a ella hablar, y lo que él dice queda sobrentendido (p. 59).

Se puede concluir que todos los métodos narrativos usados en *La Noria* intentan la penetración de los personajes en formas diversas para conseguir que el lector se haga partícipe de sus vicisitudes. El énfasis, como se ha visto, recae en la presentación de los procesos mentales (directa o indirectamente) de los personajes. Es en la mente de ellos donde adquieren realidad los temas de la novela. El propósito de poner las técnicas narrativas en función de los temas cuaja sólo parcialmente, debido a que en el caso del *stream of consciousness* los pasajes donde aparece son bastante breves.

CONCLUSIONES

Una evaluación de los elementos temáticos y técnicos de *La noria* tiene por necesidad que admitir una interrelación entre ambas cosas.

Temáticamente, *La noria* se concentra en los efectos que una sociedad opresiva ejerce sobre el individuo, siendo estos efectos un sentido de soledad, vacío en la vida y la consiguiente evasión del ser humano ante sus muchas dificultades. También un tema, aunque un poco traído por los pelos, es el de la esperanza. Resulta algo forzado este aspecto de *La noria*, ya que su elaboración ocurre solamente en las últimas páginas de la novela. La imagen de la noria, como se ha considerado, condensa la proyección temática que tiene la primera novela de Romero.

En lo que se refiere a técnicas, *La noria*, en el contexto histórico de la novelística española de 1951, es una obra que alcanza sus objetivos fundamentales. Logra Romero a través de la estructura de la obra reafirmar los problemas primordiales de sus personajes, sin que la sencillez de su organización la convierta en una novela sin unidad integral. En los métodos narrativos usados también se nota un deseo por parte del autor de lograr la mejor expresión de sus temas. De interés entre las técnicas narrativas es la aparición del *stream of consciousness*, aunque en *La noria* no logre cuajar completamente, debido en parte a la extensión de estos pasajes y a cómo son utilizados. Un defecto aún mayor en la novela es la presencia directa del «narrador-autor» dando sus opiniones. Saber lo que el narrador piensa sobre los sucesos de la obra le resta libertad a sus personajes y hace que el proceso artístico resulte excesivamente obvio en ocasiones.

Es *La noria* entonces un magnífico primer intento del novelista Luis Romero,' que merece mayor atención que la que ha recibido a manos de la crítica.

«CARTA DE AYER», UN FRACASO DE LUIS ROMERO

Apareció *Carta de ayer* en 1953. Como el resto de la producción de Romero, ha recibido poca atención de la crítica (31). Mucho en esta novela es disímil de *La noria.*

TEMAS

Temáticamente, *Carta de ayer* carece de mayor complicación. Su tema central es el efecto de los años —la vejez— sobre el individuo y aquellos que le rodean (32). Este tema se verifica en las relaciones entre el protagonista y Claudia: él siendo más joven que ella. La relación entre ellos degenera, desde los comienzos de *Carta de ayer,* de un gran amor a un estado de opresividad. Los dos están conscientes de la diferencia de edades y de cómo Claudia será una vieja en corto tiempo, mientras que él todavía mantendrá su plenitud. Es tal el cariño que se tienen que no pueden separarse; este amor sólo culminará con la muerte (asesinato) de Claudia a finales de la novela. Si bien es plausible que dos enamorados de diferente edad lleguen a sufrir debido a ello, es ilógica la forma que este sufrimiento adquiere en *Carta de ayer.* Todo lector, mientras penetra en la novela, se pregunta: ¿por qué se siente el protagonista martirizado por la futura vejez de Claudia cuando todavía no se ha materializado? (33). ¿Cómo es posible que dos seres humanos se destruyan (ella físicamente con su muerte y él moralmente) cuando en realidad se

---

(31) Los comentarios disponibles sobre *Carta de ayer* tienden a ser breves y en su mayoría son positivos. Sólo conocemos uno negativo. La evaluación negativa proviene de Nora (p. 151), para quien la novela se caracteriza por un «psicologismo neorromántico». Positivas son las conclusiones de José Luis Cano: Reseña de *Carta de ayer, Insula,* 90, 15 de junio de 1953, p. 7; R. Morales: «La segunda novela de Luis Romero», *Correo Literario,* 77, agosto de 1953, p. 6; J. de Entrambasaguas: «*Carta de ayer,* de Luis Romero», *Revista de Literatura,* 4, núm. 7, 1957, pp. 235-238; Iglesias Laguna, p. 299; Alborg, p. 316; Grupp, pp. 203-205, y M. Tudela: «*Carta de ayer,* segunda novela de Luis Romero», *Cuadernos Hispanoamericanos,* 17, núm. 44, 1953, p. 262. Todas estas evaluaciones —la negativa y las positivas— se caracterizan por su superficialidad. De ellas sólo la de Tudela menciona que *Carta de ayer* es demasiado larga.

(32) Nótese que Alborg (p. 315) intenta dar el tema de la novela y lo que hace es narrar su argumento.

(33) Más lógico resulta que Claudia, siendo más vieja, reflexione sobre todo esto. De ello se ven indicios en la novela (véase, por ejemplo, la página 91). Todas las citas y referencias a *Carta de ayer* provienen de su primera edición, Barcelona, Editorial Planeta, 1953.

aman tanto? ¿No es tal situación excesivamente romántica y ficticia? La ausencia de respuestas adecuadas a estas preguntas constituye el error temático de *Carta de ayer*, novela dominada por un espíritu impregnado en sensiblerías de mal gusto.

Junto al tema de la vejez coexisten otros dos: el del aniquilamiento creativo por un amor que absorbe todas las energías del ser y el incestuoso. De ellos hay poca elaboración en la novela.

A través de *Carta de ayer* aparece Claudia como una fuerza que roba al protagonista de sus habilidades de escritor. Ella es culpada por esta incapacidad:

> Cuando pronunció esta frase no pudo evitar dirigir los ojos hacia Claudia, y temo que lo hiciera con expresión de reproche, casi con odio; ella desvió la vista, pero la tenía fija en mí cuando la miré (p. 226).

El protagonista descubre que lo único original que puede escribir es una novela que contiene aspectos autobiográficos de sus relaciones y problemas con Claudia. La supuesta culpabilidad de ella es algo pésimamente desarrollado y es una manifestación más de ese romanticismo tardío que plaga a *Carta de ayer*.

Del tema incestuoso sólo se tienen breves menciones. Sobre él se sabe en relación a la novela que escribe el protagonista y cuando este mismo personaje se refiere a sus actividades con Claudia. Claudia y Elisa (esta última, la heroína de la novela que él está escribiendo) son asociadas por el protagonista de *Carta de ayer* con una tía suya llamada Lola. Por esta tía él sintió, al parecer, en su niñez una atracción reprimida (34).

Si se intentase establecer vínculos entre los temas de esta novela —y sabemos que al hacerlo especulamos, ya que la obra no elabora lo suficiente—, podría creerse que la edad de Claudia no es lo que molesta en verdad al protagonista (no se olvide que todavía no es vieja). Más bien ésta es una excusa. Los problemas que Claudia le trae se originan en que él la ve a ella cual si fuese su tía Lola, y esto conlleva un sentido de culpa que a su vez provoca el autocastigo del protagonista al no poder hacer lo que más desea: escribir (35).

---

(34) Se encuentran ejemplos de lo incestuoso en las páginas 53, 136, 138, 200, 245 y 265-266.

(35) Repetimos nuevamente cuán especulativa es la interpretación ofrecida en este párrafo. Aún más: aunque fuese cierta, son tan graves las deficiencias de la novela en sus aspectos técnicos, que ni aun la progresión lógica de sus temas lograría disipar nuestras objeciones.

TECNICAS

El punto de vista que rige a *Carta de ayer* es el primer elemento técnico que confronta a su lector. Toda la obra está dominada por la perspectiva del protagonista (36). El desea recordar sus actividades y relaciones con Claudia varios años después de que ella ha muerto:

> Aunque una fecha carece de importancia, o, por lo menos, así me parece ahora, durante estos años he esforzado la memoria para ligar entre sí datos, y he confiado en que la casualidad, de una forma u otra, me aclarará cuál fue el día exacto en que conocí a Claudia. Llegué a sentir como una corazonada sugiriéndome que, averiguado el día, algo tenía que solucionarse; aunque tampoco he sabido en qué consistía ese algo (p. 9).

El espera en este trozo que algo se solucionara con este proceso de indagación en su memoria. Ese algo que desconoce mientras escribe el libro que leemos podría ser la razón por la que actuó como lo hizo. Corrobora esta idea el título de la obra *Carta de ayer*. Es la novela entonces una carta, un mensaje, que el protagonista busca en el pasado.

En general la novela es descriptiva, y el punto de vista es el de la primera persona singular (el del protagonista). La perspectiva cambia cuando él se refiere a actividades en las cuales participaron los dos (véase la p. 91). El uso de la primera persona es apropiado en la creación del efecto autobiográfico buscado. Esta es la novela del «yo»: la visión del protagonista —sus intereses— ha sido el todo de sus relaciones con Claudia (37).

Fuera del uso de la primera persona hay poco favorable que decir sobre *Carta de ayer*. Constantemente el narrador se adelanta y le da al lector indicios del desenlace de la obra (en fin de cuentas, todos son sus recuerdos). Desde el segundo párrafo de la obra se ven las turbulencias emocionales que se describen en ella:

> Desde luego debió de ser en los últimos días de abril o en los primeros de mayo. El año sí que lo recuerdo, y ahí no hay error posible: fue el mil novecientos cuarenta y ocho. Creo estar seguro, aunque desde entonces mi vida tomó rumbos tan fuera de lo que yo esperaba, y me precipitó en tan frenéticos abismos, que hasta la noción del tiempo se ha trastocado dentro de mí (p. 9) (38).

---

(36) Véase a Grupp, p. 203, y a Tudela, p. 262.

(37) Algunos ejemplos pueden ser encontrados en las páginas 74, 76, 91, 110 y 228.

(38) Aparecen algunos de estos adelantos en las páginas 10, 12, 19, 21, 23, 65, 112, 147, 198, 209, 220 y 244 (nótese que no somos exhaustivos en esta lista).

Se sabe de la muerte de Claudia desde, al menos, la página 65, y del deseo de él de matarla, desde la página 144 (de este último acto sólo tiene plena consciencia en la p. 275). El efecto de los muchos adelantos es que el lector pierde su interés en una obra que avisa de su desenlace desde su primera página y que, por tanto, es excesivamente extensa si se tiene en cuenta lo que contiene.

Otros aspectos débiles en *Carta de ayer* son su estructura y su estilo. Su división en capítulos no responde a un propósito específico. Los sucesos que ocurren en un capítulo tienen paralelos en otros capítulos. Ello se debe en parte al estilo de la novela: aun dentro de un capítulo, una misma idea se repite varias veces, sin que ello sea necesario. Toménse dos trozos de un mismo capítulo:

> La idea de que continuara escribiendo la novela fue de Claudia. Me lo dijo un día y yo acepté...
> Estoy completamente convencido de cuanto digo; si la idea de continuar la novela no hubiera surgido de Claudia... (p. 219).

Las dos citas se refieren a una misma cosa. La segunda no añade nada a la primera (39).

Característico también de cómo se expresa el protagonista es su visión hiperbólica de cuanto menciona cuando habla:

> Ese que estaba dentro de mí y que utilizaba mi voz, aunque fuera alterada para expresarse, contestó algo que recuerdo con precisión y que oí perfectamente, pero como en sueños, o pronunciado a cierta distancia; exclamé iracundo que ni por un postre, ni por todos los postres del mi vida, esperaba ni un minuto más escuchando las estupideces de aquel hato de cretinos que él acababa de calificar de señores (p. 23).
> Los sentimientos que se me despertaban en relación con ella eran varios. Dominaba, por encima de todos, el más desbocado interés (p. 22).
> Faltaba poco para el alba cuando me dormí, y sabía que Claudia había entrado en mi vida arrolladoramente y que siempre, para bien o para mal, estaría conmigo (p. 36).
> Cuando el amor se enciende, es como una tempestad con truenos y relámpagos, como una inundación, como una catarata. Invade la sangre, la carne y las potencias, después de atravesar todas las fibras del sentimiento y del intelecto, y de haberlas anestesiado de tanta intensidad. Desde entonces he creído que en un beso puede encerrarse toda la fuerza del universo (p. 78).

---

(39) El efecto de tantas repeticiones llega a ser a veces delirante. Ello podría ser considerado como un acierto, pues es similar al estado de ánimo del protagonista. Lo que previene que sea un acierto es que estas repeticiones ocurren con exceso y sólo provocan cansancio al lector.

> Claudia apareció en mi vida; en cuatro años me dio más felicidad, más suma de placer del que hubiera alcanzado en toda mi existencia. Claudia me desvió de mi camino, me transformó en otro hombre y trastocó el signo de mi historia al cercenarme el porvenir y reducírmelo tanto en el tiempo (p. 111).

Las exageraciones del protagonista adquieren tal magnitud y ampulosidad que recuerdan los excesos retóricos del romanticismo. Hay lugares además donde se observan contradicciones en lo que dice el protagonista. Así, en la página 62 admite cuán inútil es intentar describir una persona, para acto seguido (en la misma página) decir que lo va a intentar. En el campo de las descripciones este fenómeno es muy común:

> No guardo mal recuerdo del otoño aquel, y, aunque fue triste, resultó para nosotros particularmente tierno (p. 149).

¿Cómo puede tener el protagonista un buen recuerdo de ese otoño que le pareció tierno cuando a la vez le pareció triste?

Errores de *Carta de ayer* lo son asimismo la asimilación de elementos que no son necesarios en el desarrollo de su argumento (i. e., la historia del tío Eduardo de Claudia, los amores del protagonista y Mary y un encuentro con el hermano de Mary); la visible semejanza entre la novela que el protagnista escribe y su vida (véanse las páginas 225, 234 y 267) y el hecho de que la mayoría de lo que es narrado sean meditaciones sin acción alguna (p. 49).

CONCLUSIONES

La segunda novela de Luis Romero, *Carta de ayer*, constituye lo opuesto de su primera creación, *La noria*. *Carta de ayer* se concentra en problemas más bien etéreos y románticos que confrontan a un hombre, mientras que *La noria* enfoca a varios personajes en busca de un denominador común entre ellos y la humanidad. En *La noria* los temas están elaborados, no así en *Carta de ayer*, donde el lector tiene que esforzar su imaginación para alcanzar un nivel de comprensión aceptable. En lo que se refiere a lo técnico, *La noria* es efectiva en la colaboración de su sentido y su forma. Hay además en ella un espíritu innovador, un marcado deseo de extender las fronteras de la expresión. *Carta de ayer*, por su parte, se vale de medios muy tradicionales y de recursos que oscurecen sus objetivos. Es, pues, *Carta de ayer* un paso atrás, un fracaso de la novelística de Luis Romero.

«LAS VIEJAS VOCES», NOVELA DE RECONCILIACION

Las viejas voces (1955) es la tercera novela de Luis Romero. Como las demás suyas, no ha atraído a los estudiosos en general (40), a pesar de que en ella aparece un tipo de síntesis parcial de los temas y propósitos de *La noria* y *Carta de ayer*.

TEMAS

El título de la novela sumariza los elementos formativos del vehículo que permite el desarrollo de los temas. Las viejas voces a que el título se refiere son aquellas voces o recuerdos del pasado que dominan las ideas de Marta-Luz a través de la mayor parte de la novela en forma directa o indirecta (p. 250) (41). Se hace esta distinción entre las manifestaciones con que aparecen los recuerdos de la protagonista (42) porque en varios lugares, más que en los recuerdos mismos, la novela se centra en los efectos de estos recuerdos sobre Marta-Luz.

La protagonista posee dos nombres en *Las viejas voces:* Marta y Luz. El uno fue su nombre antes de dejar su pueblo y convertirse en una prostituta; el otro es su nombre profesional en Barcelona (página 62) (43). La existencia de los dos nombres patentiza la dicotomía del personaje: el ayer y el hoy. Emana esta distinción tan marcada en la vida de ella del hecho de que Luz está insatisfecha con su vida en Barcelona, como bien se ve desde temprano en *Las viejas voces:*

> Les llama querido, que es una palabra estúpida que ha aprendido en las películas dobladas y que emplean mucho las chicas que vienen al bar. En definitiva: una venganza un poco infantil, una pequeña protesta contra esta vida que lleva (p. 8).
>
> Está nerviosa; no se encuentra bien. Hace tiempo que piensa que debería hacer algo; terminar con esta vida antes de que esta vida termine con ella. Pero es muy difícil decidirse a nada. ¿Cómo resolver, por ejemplo, el problema económico? Y no es eso únicamente; está también la costumbre y la necesidad de compañía. A esta hora desea venir a sumergirse en este ambiente, que es el suyo, donde está su gente —aunque ni siquiera los aprecie, aunque muchos de los que aquí se reúnen le sean incluso antipáti-

(40) Se refieren a esta obra, en forma muy parca, Nora (p. 151), Alborg (pp. 318-319) y José Luis Cano: «Reseña de *Las viejas voces*», *Insula*, 117, 15 de septiembre de 1955.
(41) Referencias y citas a *Las viejas voces* provienen de la edición publicada en Barcelona por Editorial Exito, S. A., en 1955.
(42) El mismo Romero la considera como tal en su «Aviso que podría parecer innecesario», que precede a la novela (p. 6).
(43) De aquí en adelante se usará solamente uno de estos nombres.

cos—. Para sustituir una costumbre ha de haberse creado otra. Fuera de estas paredes no tiene amigos. Aquí, por lo menos, hay gente que la quiere... (pp. 60 y 61) (44).

Estas dos citas dejan ver su descontento. La segunda, además, añade el porqué de su actitud: no es su profesión lo fundamental en su actitud negativa; lo es también su soledad. El mundo que la rodea es extraño a ella, nada le dice (p. 109). En realidad, nadie se interesa por ella como ser humano (p. 75).

Junto a la soledad de Luz, expresión temática de la soledad del hombre en general, figura algo que acredita su descontento. Ella ve que los años pasan y que su vejez se aproxima a pasos agigantados:

> Puede que en cualquier ciudad del mundo haya una muchacha con la frente tersa que, incluso, se llame Marta; y en un bar cualquiera, otra mujer a quien llamen Luz, también podrá tener una frente como era la suya hace diez años; pero ni esa Marta ni esa Luz serán ella. Estará muerta, ya no será; ya no será nunca más (página 31).

La combinación en Luz de su temor ante el paso de los años (otro tema de la novela) con su soledad la impulsan a actuar en varias formas. Se interesa por Manuel, un hombre que le trae recuerdos de lo que caracterizó su juventud y alguien quien, al demostrar deseos de tratarla, está truncando su soledad. Otra forma de la cual se vale Luz para escapar de su realidad es un retorno al pasado, un pasado que ella añora. Al ir al pasado, Luz actúa de dos maneras: lo idealiza inventando hechos que no ocurrieron, y lo recuerda cual era, como algo perdido que desearía poder alcanzar. Ambos medios son una evasión del personaje.

El primer tipo de evasión es el menos frecuente en la obra. Aquí ella crea una realidad que de ser cierta la hubiera salvado de su condición actual:

> Esta tarde ha pensado que en su ciudad puede vivir una Marta Alvarez de treinta y siete años, hija del procurador don Justo Alvarez, hermana de Charo y de Asunción. Una Marta Alvarez que durante la guerra fue enfermera y se divirtió como las demás chicas, y que tuvo un novio; un teniente que se llamaba Pedro Aguayo, que disfrutó solamente ocho días de permiso... A Pedro Aguayo lo mataron, y fue tanta la desesperación de Marta, que creyó morir de dolor. Pero su padre y su madre, que la querían mucho, y sus dos hermanas, Asunción y Charo, demostraron hacia ella tanta soli-

---

(44) Otros ejemplos en las páginas 29, 121, 134 y 174.

citud y delicadeza, que poco a poco el tiempo fue haciendo que olvidara aquel amor desgraciado, que a fin de cuentas no tuvo más duración que ocho días, ni otra trascendencia en su carne y en su espíritu que aquel beso apasionado en el portal (pp. 109 y 110) (45).

El segundo tipo de evasión domina el primer capítulo de la novela («El bar»). De él surge una realidad social y cósmica opresiva que en parte es responsable de su vida en Barcelona. En esta forma, al menos, lo ve ella cuando evalúa las acciones de su padre (tiránico), de su madre (temerosa) y de sus hermanas (indiferentes) (46) y de la sociedad, que la critica por sus relaciones amorosas con Pedro (47). Las quejas de Luz, sin embargo, van más allá de aquellos que la rodeaban. Para ella era injustificable que Pedro, su amor, hubiera muerto; algo le había sido robado:

> Después de recibir la noticia quedó anonadada. En su casa creyeron que estaba enferma y ella no lo desmintió; tampoco podía decirles la verdad. Estuvo tres días acostada. En aquellos días comenzó a germinar en su espíritu la rebeldía que explotaría algo más adelante. Se rebelaba contra Dios. Después se sintió rabiosa contra el mismo Pedro, que la había abandonado de aquella manera, que se había muerto, que había sido incapaz de superar esa muerte que iba a separarles para siempre (p. 199).

Es entonces esa injusticia inherente a la vida un tema de *Las viejas voces*.

El último tema a ser considerado se relaciona con las evasiones de Luz a su pasado. Este pasado lo mira ella con añoranza. Sin embargo, algo ocurre durante la novela que cambia su perspectiva de él. Ella se da cuenta de la imposibilidad de retornar a lo que ha sido, en parte porque ya no es la misma y su visión ha cambiado:

> En los retratos, en las cartas, hay algo irremediable y angustioso que es preferible olvidar, porque se vive día a día y sólo el presente existe como realidad. El pasado no es más que el material con que las personas se han ido construyendo dolorosamente. Lo más lamentable es que Pedro llevaba las patillas cortadas en punta, y por más que quiere convencerse a sí misma de que en aquella época debía ser costumbre, la imagen del retrato se ridiculiza y pierde aquella majestad evocativa de que ella quisiera rodearla (p. 40).

La figura de Pedro, tan amado por Luz, se convierte en algo ridículo que la hiere. La imposibilidad de volver al pasado, a nuestro

---

(45) Véase también la página 115.
(46) Páginas 11, 13 y 170-171.
(47) Páginas 196-197.

pasado si se quiere, es un tema de *Las viejas voces* que cobra mayor fuerza en su segundo capítulo («La ciudad»). Allí ella comprende que todo ha variado y que las cosas no son como eran antes (48). Es entonces cuando se da cuenta que el pasado ha muerto para siempre:

> Pero su padre, su madre, sus hermanas, ella misma, no pueden estar ahí. Se quedaron en otro lugar del tiempo, en un remanso estancado en que se va muriendo, en que se ha muerto casi (p. 232).

Un aspecto relacionado a los temas de *Las viejas voces* que ya hemos mencionado brevemente es el del intento de proyección de los problemas de Luz a otros seres humanos. Hay, por consiguiente, un deseo de hacer genéricos los temas de la soledad, preocupación por la vejez, evasión ante las injusticias sociales y cósmicas y el hecho de que el pasado nunca se repite en nosotros. Este intento ocurre en el último capítulo de la novela («Ausencia»). Lo que presenta este capítulo es el bar sin la presencia de Luz, pero todavía con seres humanos muy parecidos a ella. La perspectiva que prevalece es la de un autor omnisciente que ofrece un cuadro de cómo el mundo donde Luz se desenvolvía ha continuado sus actividades y cómo en estos actos rutinarios se percibe la posible existencia de problemas similares a los confrontados por Luz. El último párrafo de la obra introduce a un nuevo personaje, quien por sus características —dos nombres, fondo familiar, posibles relaciones ilícitas— se convierte en la nueva Luz del bar:

> Cuca se sienta siempre en este extremo del bar. Hace dos meses que llegó a Barcelona, y una chica que se llama Rita y que vive en la misma pensión que ella la ha traído a este bar, donde tiene mucho éxito. En realidad, no se llama Cuca, sino Josefina. En su ciudad todos los jóvenes la pretendían, pero hasta hace dos años no tuvo novio. Este, que era muy guapo, pertenecía a una de las familias más ricas de la provincia. Su padre le prohibió que saliera con él, pero al anochecer se encontraban, de escondidas, en el parque. Todas las amigas le envidiaban la suerte (pp. 273 y 274).

Debe añadirse que la aproximación a los temas de *Las viejas voces* es una idea con precedentes en las primeras novelas de Luis Romero. En *La noria* se buscaba la expresión de problemas que confrontan al hombre a través de cuadros donde aparecen un gran número de per-

(48) Páginas 228, 259 y 260.

sonajes que están hermanados por sus vicisitudes. En *Carta de ayer*, el énfasis recae en la presentación de los problemas que solamente confrontan al protagonista de esa novela. *Las viejas voces*, por su parte, si bien se concentra en Luz, intenta además proyectar lo que ella confrontó a otros seres. Es, por tanto, *Las viejas voces* una obra donde dos enfoques a temas similares convergen por primera vez en la novelística de Luis Romero.

TECNICAS

Estructuralmente *Las viejas voces* se divide en tres capítulos de diferente extensión, que responden a las necesidades temáticas de la novela. El primero, «El bar», presenta las visitas diarias de Luz a este lugar. Este capítulo está subdividido en secciones, que corresponden, en general, a cada noche que ella visita ese recinto. Conjuntamente con el material que se refiere a lo que sucede en el bar aparecen los recuerdos de Luz. El segundo capítulo, «La ciudad», se desenvuelve, en su mayor parte, durante la visita de Luz a su pueblo. En general, la perspectiva predominante es de contraste entre el pasado de Luz y lo que ella encuentra en este lugar durante su estancia en él. Se asimilan al segundo capítulo aquellos recuerdos de la protagonista que se relacionan con su reciente salida de Barcelona. También este segundo capítulo está subdividido en secciones, las cuales en este caso responden a las actividades y recuerdos de Luz. El tercer capítulo, «Ausencia», siendo el más breve en *Las viejas voces*, intenta darle un cariz genérico a los problemas de Luz. Se describen en él las actividades rutinarias del bar y sus clientes después de que la protagonista ha dejado de asistir a él.

Dos faltas estructurales posee la novela. La primera consiste en la poca elaboración que recibe el intento de hacer genéricos los temas de *Las viejas voces* en el tercer capítulo. Más efectivo hubiese sido desarrollar esta perspectiva desde el principio en la obra. El segundo error es de naturaleza similar al primero. La unión de Luz con el americano a finales de la novela recibe muy poca elaboración (49). Y lo que aún es más curioso, esta unión, tan importante en el desenlace de la obra y en el desarrollo del tema de la imposibilidad de volver al pasado, ni siquiera ocurre en la novela. Ello es algo que sucede entre los dos primeros capítulos, y sólo conocemos cómo fue

---

(49) Al respecto, véase la reseña a esta novela de J. L. Cano.

a través de algunos recuerdos de Luz y de sus conversaciones con su futuro esposo en el capítulo II (50).

También de importancia estructural es el vaivén temporal que rige *Las viejas voces*. Domina este vaivén en los dos primeros capítulos, donde Luz se transporta mentalmente de su circunstancia presente a momentos de su pasado (un buen ejemplo aparece en la p. 15).

Los medios de expresión con los cuales se desarrolla *Las viejas voces* son, por supuesto, aspectos técnicos que merecen su estudio. En *Las viejas voces* el monólogo interior indirecto es la forma en que se desarrolla la mayor parte de la novela. Usando esta técnica revela Luz sus problemas tanto al recordar su pasado como al referirse a su presente (la p. 15 ofrece un magnífico ejemplo). El monólogo interior indirecto usado para expresar los problemas de Luz resulta muy efectivo, ya que es en su mente donde tienen refugio las preocupaciones de ella (51). Esta técnica domina los dos primeros capítulos y desaparece en el tercero, donde la perspectiva del autor omnisciente narra cuanto sucede y piensan los individuos que están en el bar. Aunque menos numerosos, hay varios diálogos en *Las viejas voces* (pp. 192 y 205). Su efecto es darle actualidad a lo narrado por medio del monólogo interior indirecto. El no depender totalmente de la visión mental de Luz permite mayor variedad de pensamientos y la colocación de las ideas de ella en un contexto normal.

CONCLUSIONES

Las viejas voces, de Luis Romero, desarrolla algunos temas ya visibles en *La noria* y *Carta de ayer:* soledad, la opresión de la sociedad y del cosmos sobre el individuo y la preocupación por los efectos del pasar del tiempo. Es por este retorno a temas y por el énfasis en lo individual y lo genérico que afirmamos que *Las viejas voces* es una novela de reconciliación. Reconciliación de elementos centrales en las dos primeras novelas de Romero.

---

(50) A través de la novela ha habido referencias que indican un interés de Luz hacia el americano Sin embargo, estas referencias resultan breves, superciales y muy limitadas en su número (véanse las páginas 97, 190, 203 y 207, donde se encuentran algunos ejemplos). Sólo se llegan a conocer directamente en las páginas 223-224 (las dos últimas, del capítulo I).

(51) Es interesante que en ocasiones el monólogo interior indirecto sea usado no sólo para aclarar aspectos de Luz, sino para otorgarle realidad a lo que ella está haciendo. Un ejemplo lo tenemos cuando ella empieza a dormirse y el monólogo interior indirecto refleja la incoherencia propia de ese instante:

> Luego llega el sueño y no se sabe en qué momento empezó. Lo mejor es dormir, no pensar; dormir esta muerte pequeña de todas las noches.
> Los hijos de Joanssen la han besado cuando se despidieron de ella. Los hijos de Joanssen... Los dos son rubios y se parecen al propio Joanssen; se diría que era él mismo que la besara. Pero Hortensia... (p. 141).

En términos técnicos, *Las viejas voces* demuestra, aunque no esté libre de defectos, una mayor preocupación artística. Su estructura y los medios de expresión usados apuntan hacia la funcionalidad que posee *La noria*. Un error de *Carta de ayer*, que todavía se percibe en *Las viejas voces*, es su longitud. Resulta el primer capítulo («El bar») excesivamente largo. El mismo efecto hubiera podido ser conseguido con menos páginas (52).

«LOS OTROS», NOVELA DE LA PERSPECTIVA

Con *Los otros* (1956) retorna Luis Romero a la novela capsular con muchos protagonistas. Es importante este retorno a un ambiente similar al de *La noria* en relación a la novelística de Romero, porque más tarde, en *La corriente* (1962) se valdrá de personajes de *La noria* y *Los otros,* creándose en esta forma un mundo de ficción que se extiende por varias novelas.

TEMAS

Existenciales pueden ser denominados los temas de *Los otros.* Ellos quedan insinuados en su título y en el versículo bíblico que le sirve de epígrafe al libro:

> Ea, pues, descendamos y confundamos allí mismo su lengua, de manera que el uno no entienda el habla del otro (Génesis, XI-7) (página 7) (53).

En estas líneas se condensa el tema central de la novela: la incapacidad de comunicación entre los hombres. La elaboración que el título hace respecto a la idea fundamental del tema es que de la imposibilidad de comunicación emerge la actitud egoísta que domina al ser humano: mi perspectiva es la correcta; la de los «otros» no importa. En *Los otros* se consigue la visión de la existencia de perspectivas contradictorias y absolutas para quienes las sostienen por medio de contrastes implícitos en las formas en que son observadas varias cosas por distintos individuos:

---

(52) En forma crítica se ha expresado sobre *Las viejas voces* Nora (p. 151) y Alborg (páginas 318-319). Para los dos es demasiado romántica la obra. En ello no concordamos. Tampoco creemos sea justa la idea de Alborg respecto a que el vaivén de presente-pasado y pasado-presente sea un error.

(53) Citas y referencias a *Los otros* de la 1.ª edición, Barcelona, Ediciones Destino, 1956.

El patrono le quiere; él ya trabajaba con su padre cuando no tenían más que un tallercito de reparación de motores. Ahora le han dado un buen cargo en la empresa; es el hombre de confianza, el cobrador. Y precisamente hoy es sábado y último de mes, y había que ir al Banco a buscar dinero para la nómina y los jornales. Ya enviarán a otro; también pueden ir incluso el amo o el gerente, que tiene automóvil (p. 31).

Todo el peso del trabajo recae sobre él: luchar contra los clientes, los proveedores, los obreros. No le regalan el dinero, no; lo gana con su esfuerzo, con su trabajo, con su instinto industrial y mercantil. Ni el gerente, ni el ingeniero, ni los capataces harían nada sin él (p. 37).

Esto es perfectamente estúpido: porque falta hoy el cobrador, un empleado subalterno, le mandan a él a sustituirle. No tienen derecho, y si lo intentan otra vez, se negará. Sólo falta que le quieran colocar además la chaqueta y la gorra del uniforme. En fin, por esta vez callará y hará la diligencia que le mandan; pero un auxiliar contable no tiene obligación de sustituir a un cobrador (p. 75).

Pero otra vez está harto de trabajar todo el día para ganar treinta y dos pesetas. Y está harto de respirar serrín y de ver trajinar a Carmela con las medias zurcidas. Carmela no será como fue su madre. Carmela no se marchitará entre suspiros y ropa sucia, no usará toquillas en invierno, ni envejecerá encadenada a la máquina de coser (p. 13).

Hubiese querido que él dijese algo, pero estaba más encerrado que nunca en su hosco silencio. No debe quererla; si la quisiera no haría eso, eso que hoy va hacer, que no sabe bien en qué consiste, pero que la estremece (p. 64).

Las perspectivas del cobrador, del dueño de la fábrica y de José Mateo sobre sus papeles en la industria resultan opuestas. El cobrador se cree querido por su patrón y opina que su labor es importante; el patrón opina que es el único que trabaja y que siempre tiene que luchar con sus obreros, y José Mateo piensa que el cobrador es un don nadie. Por su parte, el esposo de Carmela, a pesar de quererla, no logra hacérselo saber a ella. Es esta dificultad de percibir que cada ser tiene un punto de vista distinto al nuestro, lo que lleva en *Los otros* al tema de la imposibilidad de comunicación entre los hombres.

Como resultado del tema que hemos discutido, el individuo llega en *Los otros* a verse totalmente solo: de un lado, él y sus intereses, y del otro, el resto del mundo. En la novela la actitud del ladrón que se sabe perseguido ejemplifica el tema de la soledad humana:

De un lado estará él, él solo, y del lado contrario, la ciudad toda, el mundo entero (p. 106).

Otra vez se la enseña amenazadoramente. Jadea; si se llega a desmayar, la hostilidad del taxista se descargará contra él. Y la hostilidad de millón y medio de ciudadanos le aplastará. Allí estaba aquel triángulo obstinado y los guardias grises con la tercerola en la mano, que se acercaban a todo correr (p. 115).

Ahora bien, *Los otros* no constituye únicamente un ataque a la limitada perspectiva de cada hombre y los resultados que trae consigo. La obra ofrece también una sentencia crítica en contra de una sociedad donde los pocos explotan a la mayoría, llevándoles en ocasiones a extremos como en el caso del ladrón:

El está cansado de enriquecer a los demás con su trabajo. Un hombre que tiene dinero reúne a unos cuantos desgraciados y les hace trabajar. Les paga no más que lo imprescindible para que no se mueran de hambre y frío; es decir, lo mínimo para que conserven las fuerzas y puedan seguir trabajando. Entonces el tipo, que ya tenía dinero, gana más dinero todavía. Así puede habitar una casa caliente, su mujer va bien vestida... (pp. 13 y 14).

Los compañeros dicen que esto se acabará; que llegará el día en que todo esto se acabe. Pero pasan los años y él gana treinta y dos pesetas, y a Carmela le ocurrió lo que le ocurrió porque tenía que vivir con sesenta pesetas a la semana (p. 14).

Sí, cambiarán el mundo, pero entre tanto lo que él va a hacer es cambiar su vida, que es lo más urgente. Cambiar su vida antes de que la carne de Carmela envejezca y él pierda la salud; antes de que una máquina le mutile irreparablemente o le metan en la cárcel por romperle la cabeza al patrono un día que le oiga decir que los obreros viven mèjor que él (p. 15).

Es evidente en estos trozos que la falta de comunicación y la soledad posiblemente obedezcan muchas veces a injusticias sociales que hastían al individuo, al punto de hacerle romper abiertamente con el mundo que le rodea (54).

TECNICAS

Estructuralmente, *Los otros* ofrece un día en Barcelona por medio de visiones fragmentarias de las actividades, pensamientos y conversaciones de muchos personajes. Son fragmentarias estas visiones, ya que la novela está compuesta de muchos capítulos que consideran varias veces a personajes, como un dueño de fábrica, un ladrón, la esposa del ladrón, unos guardias, una secretaria. Todos estos capítulos

---

(54) Son muchos los ejemplos de injusticia social que ofrece *Los otros*. En busca de ellos véanse las páginas 50, 51, 95, 104, 123, 134, 184, 190, 191, 254 y 258. Nótese que la importancia de lo social en las acciones criminales del hombre ha sido discutida por Casado (p. 265) y por Alborg (pp. 320-321).

son un tipo de rompecabezas que logra ser armado el día en que el ladrón asalta a un empleado. Cada personaje está compuesto de varias piezas que presentan parcialmente aspectos de él. Paralela la dislocación y fragmentación de la presentación de los personajes, la ruptura que caracteriza las relaciones humanas. Al ocurrir todo en un día, en un lapso limitado, la novela crea también un estado de cansancio en el lector. Esta reacción es reafirmada por la densidad que adquiere cada instante en ese día, debido a las detalladas descripciones de cuanto sucede:

> Un segundo de vacilación. En la puerta del establecimiento aparece el tabernero con cara de espantado y se retira al interior inmediatamente. El tiene que ladearse para prevenir cualquier agresión que pueda llegar del interior de la taberna. (Era un hombre abúlico, mal afeitado; no se veía teléfono...) Avanza un paso resueltamente. Están ya muy cerca el uno del otro. El hombre del traje oscuro ha hecho un leve movimiento con las cejas, como esforzándose por volver a la realidad, de la cual le hubiese alejado la sorpresa. Los ojos cobran instantáneamente lucidez, miedo, vacilación (p. 109).

El cansancio a que nos referimos responde a una necesidad técnica en *Los otros*. Nos hace partícipes de lo que siente el atracador (55):

> Un hombre se detiene a su lado; no le distingue; no sabe si es viejo o joven. Le rechaza con un ademán y el otro sigue su camino. Con una sacudida se arranca del farol y anda unos pasos más.
>
> No llegará, ahora sí que ya no llegará. Y Carmela le estaba esperando al final de esta calle, y allí había médicos y una cama, y quién sabe si la policía le dejaría tranquilo, porque precisamente al final de esa calle había algo que ya no podrá alcanzar porque le faltan fuerzas para seguir adelante y para llegar al final de esta calle.
>
> Cae al suelo y siente dolor en el rostro. Se incorpora apoyándose en el codo derecho y se palpa la cara. Está llena de sangre y de polvo. Se arrastra sobre la cintura; no puede más (páginas 229 y 230).

Entre los medios narrativos que figuran en la obra están el diálogo (p. 123) y el monólogo interior indirecto:

> Dobla por la primera travesía y va andando lentamente. Recuerda en este instante que en el momento de pagar su consumición ha sacado la mano izquierda del bolsillo y el camarero puede haber

---

(55) Para Casado (p. 269) llega a cansar la lenta agonía del atracador en *Los otros*. Este crítico no opina que el efecto sea apropiado.

observado la falta de la falange de su dedo. La policía trabaja muy sutilmente, y la ciudad, aunque grande, es siempre un espacio limitado, una ratonera al fin y al cabo (p. 85).

Otro método narrativo lo es la presencia del autor omnisciente para dar, en general, un fondo a los personajes (p. 77). En ocasiones, sin embargo, el narrador omnisciente se toma la libertad de expresar su opinión sobre lo que narra. Ello le roba autonomía a los personajes y crea la impresión de que el narrador, al parecer, no cree que los personajes puedan con sus acciones hacernos patente el impacto de sus dificultades:

> Se produce un momento de confusión, y el dueño le alarga la mano, que el otro estrecha. Es la primera vez que se dan la mano y ninguno de los dos sabe muy bien por qué lo ha hecho. *Tal vez han llegado a creer que era cierto lo de la confianza* (p. 78).

La oración que aparece en bastardilla en la cita anterior ilustra cuán ilusoria es para el narrador la idea de que el gerente y José Mateo puedan tenerse mutua confianza (56).

El uso de varios medios narrativos en *Los otros* responde, sin lugar a dudas, a un deseo de dar una visión más profunda de la realidad presentada. Cada medio es una avenida que facilita el acercamiento del lector a los personajes y a sus acciones.

Una técnica menor de que se vale Romero es el hecho de que *Los otros* comienza *in medias res*:

> De nuevo se ha despertado con la sensación de haber dado un salto en el vacío durante el sueño. Ahora, en los cristales de la ventana se apoya una luz pálida. Ha comenzado a amanecer. El tictac del despertador niquelado le llena la cabeza (p. 11).

Esta técnica pone el día en que la obra se concentrará dentro del proceso cronológico, dentro de un mundo donde ya han ocurrido sucesos que ejercerán influencias sobre este día señalado. El efecto de continuidad se consigue con las palabras «De nuevo se ha despertado...», que implican que este proceso ya ha ocurrido durante esa noche con anterioridad.

---

(56) En su prólogo a *Los otros*, Romero se refiere a cómo se ha inmiscuido en lo que ocurre en la novela, sin darse cuenta que ello detrae de sus méritos:

> ...he permitido a los personajes expresarse con libertad, y únicamente de cuando en cuando —son fallos o privilegios del oficio— aparece, confundida las más de las veces con las del personaje, la opinión del novelista o se desliza algún comentario formulado casi al margen de su voluntad (p. 9).

Un papel más importante en el desarrollo de *Los otros* lo ejerce la ironía (57). La ironía sirve aquí como de descanso (necesario en una novela tan llena de tensión nerviosa). Los siguientes ejemplos ilustran la función de la ironía:

> Y hoy no; hoy el riesgo será mayor; todo se decidirá de golpe, en pleno día y en mitad de unas calles concurridas. Tal vez por eso la espera sea más angustiosa. Y, sobre todo, este no comparecer del cobrador a la hora que podría calificarse de convenida (página 84).

> Y ni siquiera ha tenido tiempo de ir a visitarle al hospital para poder testimoniarle su admiración, cosa que hubiera representado, sin duda, un gran alivio para el agonizante (p. 145).

En el primero, el asaltador habla de su nerviosismo y llega a quejarse de que su víctima no llegue puntualmente a su cita con él. Por supuesto, no había ninguna cita entre ellos. En el segundo, el administrador demuestra su insensibilidad en una forma que hace sonreír al lector: él cree que su presencia será un alivio al agonizante José Mateo.

CONCLUSIONES

Los otros desarrolla el tema de la incapacidad de comunicación que prevale entre los hombres. Queda este problema expresado como algo complejo. Si bien la sociedad contribuye a la soledad del individuo con sus injusticias, ya en el ser humano existen las semillas de su soledad cuando cierra sus ojos y se niega a aceptar otras perspectivas que no sean la suya. El hombre sólo podrá comunicarse con sus semejantes cuando los deje de ver como extraños, cuando acepte que su punto de vista de la realidad puede que difiera del de aquellos que le rodean.

«ESAS SOMBRAS DEL TRASMUNDO», LIBRO EXPERIMENTAL

Aparece *Esas sombras del trasmundo* en 1957. La obra está formada por 21 cuentos de duración varia. Su título es un intento de darle unidad a la colección: se presentan sombras, seres imprecisos que sostienen perspectivas de la otra vida o del más allá. Nos aproxima-

---

(57) Se usa aquí el término «ironía» bajo su acepción de contraste fortuito, que parece una burla.

mos a *Esas sombras del trasmundo* en forma selectiva. Se discuten solamente cuatro cuentos. El primero, el segundo y el cuarto se caracterizan por elaboraciones temáticas y técnicas bastante curiosas. El tercero, por su parte, capta esa atmósfera sobrenatural que prevalece en muchos de los cuentos y a la cual se refiere el título de esta colección (58).

«DON PLURAL CUALQUIERA»

Es este cuento una revisión mental e impersonal de aspectos de una vida que simbólicamente adquiere proporciones genéricas. El título del cuento es una reafirmación de los objetivos de su autor. Las palabras «plural» y «cualquiera», junto a «don», dan la impresión de un individuo cuya realidad es parecida a la de sus semejantes: este ente es uno, aunque a la vez bien podría ser cualquier otra criatura, ya que todos los hombres somos iguales.

La idea de hacer a un personaje genérico en sus características no es nueva en Luis Romero. Una inclinación parecida se observa en *La noria* y en el último capítulo de *Las viejas voces*. Lo innovador aquí es la forma en que todo es dado, la claridad del propósito del escritor: establecer la hermandad de los hombres:

> En su juventud militó en un partido político que capitaneaba un embaucador, demagogo bastante burdo, que ni siquiera se preocupaba excesivamente en ocultar los hilos de sus tramoyas. Los triunfos políticos le enardecían, y se consideraba «mayoría» y gobernante. En su nación, el censo electoral reunía una tercera parte de los habitantes, y aunque votaban algunos muertos, eran muchísimos los vivos que dejaban de hacerlo (p. 18).

> La gente —otros, muchos, incluso un nuevo él, semejante a él— sigue avanzando por las galerías subterráneas, obedeciendo a las flechas imperativas, colocándose en el andén frente al lugar donde suponen que se abrirán las puertas automáticas (p. 50).

> Siguen llegando a los ascensores y subiendo a enfrentarse con el trabajo desabridamente. Continúan explicándose anécdotas, marchitas de puro usadas, y chistes que obligan a forzar la risa (páginas 51 y 52).

En estos trozos es obvio que alguien describe cosas que ha vivido con gran impersonalidad, cual si sus experiencias, a pesar de ser suyas, hayan sido de otros también. Obsérvese que quien narra, si

---

(58) El orden que damos a los cuentos que estudiamos, de primero a cuarto, no es el que reciben en el libro. Al respecto, véase *Esas sombras del trasmundo*, Madrid, Ediciones Cid, 1957. Todas nuestras citas y referencias provienen de esta edición.

bien habla de su propia juventud en la primera cita, en la segunda se asocia con otros individuos que se desenvolvían como él. Y aún más: en la segunda cita habla de «un nuevo él», de otro ser que implícitamente lo ha reemplazado y que «sigue» un proceso trillado por todo el mundo. La mención al «nuevo él» deja abierta la posibilidad de que cuanto leemos tenga sus orígenes en un muerto que observa la vida desde la otra ribera y quien nota cuán repetitiva es la existencia humana (giros cual «siguen» y «continúan», de la tercera cita, documentan nuestra última conclusión) (59).

. En esta visión de la esencia de la vida quedan varias cosas a las claras: la soledad del hombre, su vacío personal y su intento de escape de cuanto lo oprime. Los tres siguientes ejemplos se refieren, respectivamente, a estas tres características:

> Y la soledad fue una punzada primero y una incomodidad después. Hasta que, transcurridos unos meses se dio cuenta de que siempre había estado solo, a pesar de aquellos contactos de la carne, de la comunidad económica, del ronquido escuchado en las noches de insomnio, de aquella presencia en la mesa, con sorbidos de sopa o ruidos de masticación, de tropezarse en el pasillo demasiado estrecho, y el hecho de hallar larguísimos, excesivos cabellos en el lavabo, y de aquel olor especial a perfumes y jabones pobres (página 15).

> Suenan las máquinas de escribir y de calcular; pasa alguien; un jefe regaña en cualquier punto; se oye un portazo; más allá, una risa disimulada; desfilan ante los ojos papeles y cifras. La tarde, o la mañana de hoy, o de ayer, o de dentro de un año, se consume inútilmente, aburridamente. Ciento treinta hombres, ciento treinta mil, ciento treinta millones de hombres, o —él hubiese pensado— ciento veintinueve millones novecientos noventa y nueve mil y uno más...

> Los inviernos son largos y fuera hace frío. Aquí se arropan soledad contra soledad, fracaso contra fracaso, desilusión contra desilusión, y forman un grupo con historias semejantes (pp. 26 y 27).

> Ha sido necesario —es sábado y la afluencia de público, mayor— formar en la cola durante más de un cuarto de hora, y hacía frío, o calor, o lloviznaba. Por eso, el placer de hallarse sentado en la butaca y confiar en unas horas agradables se multiplica. Hay un bello jardín; están en él; avanzar por él hacia una elegante mansión; dos mil ojos, mil respiraciones anhelantes (p. 34).

---

(59) Otro buen ejemplo de la hermandad lo ofrece la siguiente cita:

> Se cruzaban con los otros —con ellos mismos—, luchaban contra la corriente cual salmones. Nadie recordaba ya a dónde se dirigía; sólo oscuramente, guiados por un instinto primario, infraanimal, intuían que debían de ir, que estaban obligados a marchar de prisa (p. 10).

Los otros y nosotros son la misma cosa aquí.

«ESTE QUE DICEN JUICIO...»

Nuevamente dentro de las sombras del trasmundo en que se concentra esta colección aparece un cuento que trata de un aspecto del más allá: el juicio final, del que tanto se le habla al hombre mientras actúa en la vida. Temáticamente el cuento es una especulación sobre lo que en verdad es la justicia: ¿Qué normas regirán nuestro juicio? ¿Es nuestro concepto del bien y del mal coexistente con el de ese juicio final? Es evidente en «Este que dicen juicio...» que es absurdo vivir nuestras existencias pensando en lo que en el juicio final se exigirá de nosotros, ya que no sabemos las leyes fundamentales que lo regulan.

El absurdo de vivir en forma adecuada para hacerle frente al juicio final se consigue en el cuento por medio de las circunstancias absurdas que caracterizan el juicio de un desconocido:

> Le habían colocado una hopalanda decorada con grotescos dibujos que le humillaba profundamente. Además, el público reía sin recato cualquier observación del Acusador, y, lo que era peor, de la mayor parte de sus tímidas exculpaciones. Se sentía tan solo, que si no fuera porque debía concentrar toda su atención en la defensa, se hubiera echado a llorar. En este momento el fiscal, vestido de frac y rapado al cero, le señalaba iracundamente: «Y ese miserable, señores, cuyo nombre no pronuncio por respeto ante Vuestras Honestidades; ese gran bellaco ha sido capaz de llevar durante más de veinte años larga y sucia la uña del meñique izquierdo» (p. 107).

Se observa en el fragmento un énfasis en lo grotesco (la hopalanda, la vestimenta del fiscal, su corte de pelo y la forma retórica que usa para hablarles a los jueces). El acusado se siente solo, no comprende la realidad que le rodea. Finalmente, la acusación hecha a él resulta absurda (llevar la uña del dedo meñique izquierdo —nótese la precisión— larga y sucia).

La dislocación de valores que normalmente se consideran absolutos continúa a través de «Este que dicen juicio...» partiendo de absurdos, como cuando el Poderoso Preboste dice: «Respetable y respetado público, señor procesado, señoras sillas...» (p. 115). En el cuento, sin embargo, el hombre, el acusado, no cambia y se aferra a su noción de una justicia superior que no entiende, aunque está seguro que le será favorable:

> Durante diez minutos, mudo, atemorizado, alicaído, el acusado permaneció sentado en el banco. No sabía nada de nada; estaba seguro, sin embargo, de que se le haría justicia (p. 115).

Es este sentido de saber lo que ignoramos, de vivir siguiendo algo que no conocemos, lo que aparece criticado en «Este que dicen juicio...» Implícito queda que sería preferible actuar siguiendo nuestras convicciones por el simple hecho de que hemos decidido son correctas.

«HA PASADO UNA SOMBRA»

Es éste un cuento representativo del resto de *Esas sombras del trasmundo* por su descripción bastante directa de lo sobrenatural. Supera a los que se le parecen en que es más largo y posee una estructura más elaborada y perceptible (60).

La perspectiva dominante en «Ha pasado una sombra» es la de un muerto que va camino al cementerio. A la vez que su entierro avanza, él ve a un mundo que lo ha olvidado y que continúa sus actividades. El muerto no es más que una sombra. La procesión del entierro ocupa la primera parte del cuento (de la página 177 a la 224). En esta sección, a la vez que nota el olvido de todos, recuerda su vida pasada, sin que en ella encuentre consuelo. En la segunda parte, él ya está enterrado y el énfasis recae en cómo el proceso vital continúa (pp. 224 a 235). La tercera sección (pp. 235 y 236) es un retorno al cementerio. El muerto comprende en su totalidad la soledad en que ha quedado y en su desespero ve en Dios su única esperanza:

> No ve, no sabe, no entiende. Se halla solo, más solo que nunca. ¡Dios mío! ¿Hasta cuándo esta soledad? ¿Hasta cuándo? Ya se ha hecho el silencio; sólo espera Tu palabra (p. 236).

Temáticamente este cuento afirma la continuidad de la vida y la soledad en la muerte. Es de notarse que esta soledad es diferente a aquella que experimentó mientras vivía: después de muerto, ni aun las voces y los recuerdos del pasado le quedan (61).

La técnica utilizada para dar la reacción del muerto a ese mundo que lo olvidó y para vitalizar aspectos del pasado es el monólogo interior indirecto, junto a frases en primera persona, como en el segundo ejemplo:

> Si le dejaran hablar, saludar a estas personas, pagar la cuenta que ha quedado pendiente en la farmacia. Es imprescindible liquidar esa cuenta (p. 177).

---

(60) Este cuento apareció publicado en otra edición por sí solo (Madrid, Editorial Tecnos, *La Novela del Sábado)*. Entre ambas ediciones no hemos notado cambios, aunque admitimos que nuestro contraste no ha sido exhaustivo.

(61) Un ejemplo de la soledad mientras estamos vivos aparece en la página 206.

Debería entrar en el colegio ahora mismo para despedirse de todos. Pero ¿y si le preguntan la lección? «No sabía que hoy tocara esa lección; sólo he venido a despedirme, porque...» (página 184).

«EN LA ORILLA DEL TIEMPO»

El tema de «En la orilla del tiempo» es la intemporalidad de la muerte: cómo después de la muerte todo lo que antes era temporal se ve libre de esta limitación. La perspectiva que controla el cuento es la de un muerto, quien, al tratar de su vida, no puede distinguir entre pasado, presente y futuro porque está a la orilla de ese río que el tiempo es (62):

> No sé si fui, si soy o si seré. Vagamente recuerdo que en algún momento, largo o corto, tuve la evidencia de que era. Pero era, seré o soy no son más que palabras sin valor real en mi conciencia. Aconteció algo que me devolvió a esta situación temporal; algo que llamamos sencillamente muerte (p. 237).

> Otra vez el tiempo ha perdido su sentido, y me hallo aquí, lejos del tictac. ¿Qué ha pasado? ¿Qué significaba todo esto? Mamá, papá, los profesores, la mujer morena, mi tía, el abogado, mi esposa... ¿Dónde? ¿Cuándo? Todo parecía tener un ritmo seguro, preciso —ayer, hoy, mañana—. ¿Qué ha podido ocurrir? No sé si fui, si soy o si seré (p. 250).

La existencia de las limitaciones que el tiempo cronológico ejerce sobre el hombre no operan «En la orilla del tiempo» porque Pedro, el muerto, ha perdido su noción de ellas. Esta pérdida se verifica en forma bastante efectiva en el cuento (lo destacado es nuestro):

> Ahora, *pensando* y *atando* cabos, me *di* cuenta de lo que ha *pasado* con mi madre. Hasta hoy no lo *comprenderé* claramente. Y me hice un propósito firme para toda la vida. Mi madre no *sería* para mí solamente como si *hubiera muerto*, sino algo más radical aún: yo no *tendré* madre; no *pensé* más en ella. Me *enteré* por casualidad de que mi madre se *fugará* con su primo; es un golpe horroroso para mí; pero me *propuse* superarlo y lo *supero* (p. 247).

Aparecen en este breve párrafo combinaciones de verbos en distintas formas verbales, que indican diferentes momentos temporales: gerundio, presente, pretérito indefinido, pretérito perfecto, pretérito anterior y futuro imperfecto de indicativo, y potencial simple. Lo interesante

---

(62) La asociación entre el río y el tiempo es muy común en la literatura española desde las *Coplas por la muerte de su padre*, de Jorge Manrique.

es cómo, a pesar de esta mezcla, no hay ninguna incoherencia en el párrafo. Y lo que es aún más importante: nada en el párrafo molesta al lector, y ello quiere decir que Luis Romero ha logrado un medio expresivo que consigue traspasar las fronteras del tiempo (63).

CONCLUSIONES

El énfasis en *Esas sombras del trasmundo* está puesto en seres cuya visión del cosmos responde al más allá. A través de esta perspectiva puede Luis Romero reafirmar varias de sus preocupaciones temáticas y experimentar con técnicas narrativas. Conceptos como la hermandad de los hombres en sus problemas vitales, la continuidad de la vida, las vanas obsesiones del individuo y la intemporabilidad de la muerte se relacionan con las preocupaciones que Romero tiene en toda su obra por los problemas existenciales del hombre.

«TUDA» Y SU UNIDAD

Apareció esta colección de cuentos en 1957. Se preocupa la colección entera de un hecho histórico: la campaña de la División Azul española en el frente de Rusia durante la II Guerra Mundial. Intenta este libro darle a sus lectores la realidad de la guerra en lo que atañe a los soldados que lucharon en ella. Para alcanzar su objetivo, Luis Romero da en los primeros seis capítulos o cuentos una serie de cuadros que se refieren a personajes y a circunstancias limitadas y específicas (64). Más tarde, en los cuatro siguientes, que son llamados «soliloquios», se busca la expresión global de la reacción de los soldados a cuatro facetas de esa guerra: la marcha, el centinela, el herido y el repatriado. En los cuatro casos se vale Romero de individuos que ilustran los problemas confrontados por ellos y sus compañeros. El tema central de *Tudá* es entonces los efectos de la guerra sobre el hombre. En este caso, una guerra muy especial, ya que se luchaba no por la defensa de la patria, sino por otros motivos. Esta distinción queda condensada en el subtítulo de la colección: «Allá». Esta palabra implica un sentido de distancia que le otorga un carácter

---

(63) Nótese que el medio de expresión de este cuento, si fuese reconstruido manteniendo consistencias verbales, sería el monólogo interior directo.

(64) Por ejemplo, la sustitución de una cruz por un padre que nunca sintió amor por su hijo, el golpe de mano (el fondo y conclusión de esta escaramuza). Referencias y citas a *Tudá* provienen de la edición publicada en Barcelona por Ediciones Acervo en 1957.

especial a la guerra en el frente ruso (65). Hay elaboración de esta opinión en la novela:

> Pero la guerra de España fue otra cosa; algo fatal e irremediable, en que todos se encontraban metidos. Era un riesgo trágico, del que todos eran partícipes y especialmente aquella masa combatiente, que alcanzaba a la totalidad de las familias. Ahora es distinto; él ha buscado un destino individual, compartido únicamente con unos pocos miles de jóvenes de toda España (p. 89).

Ahora cabe preguntarse: ¿cuál es la realidad de la guerra?; ¿cuáles son sus efectos sobre los que batallan en ella? (66). Físicamente se puede comenzar diciendo que la guerra es algo denigrante:

> Deben ser ya las tres. No quiere mirar el reloj; le da rabia pasar el tiempo pendiente del reloj. Menchu explicará a quien le escuche que su novio era muy valiente; seguramente dirá que «murió como un héroe»; pero no sabrá que él está ahora aquí, lleno de zozobras, y que le molestan el frío, el humo y los piojos; que es apenas una pobre cosa pendiente del reloj, y que en lugar de ocupar sus últimas horas en preocupaciones trascendentales, está simplemente pensando en las musarañas, dejándose mecer por el ir y venir de las ideas, confiando en que pasen de prisa los minutos y, empujadas por éstos, las horas; que llegue el capitán y les dé las últimas instrucciones (pp. 98 y 99).

Las miserias humanas, por pequeñas que parezcan, son importantísimas en las experiencias del soldado. Junto a ellas figuran la tensión nerviosa, producto de la espera constante, y el temor a la muerte acechante. Es este temor uno que no le es lícito al soldado expresar, a pesar de sentirlo, y que emana no sólo de su instinto de supervivencia, sino también de sus dudas sobre el valor de la causa por la que se le pide que se sacrifique:

> Al fin y al cabo, tanta guerra y tanta destrucción para que ese ruso se quede a un lado de la carretera y los dos alemanes al otro, y quién sabe si antes de un mes hay por ahí una cruz así de grande con mi nombre y yo me estoy ahí debajo pudriendo; que no es que tenga pánico a que eso suceda, pero sí me da un poco de tristeza... (pp. 195 y 196).

---

(65) Existe la posibilidad de que «Allá» más bien se refiera a la reacción normal del ser humano hacia las guerras: siempre parecen distantes. Sólo los que participan en ellas las comprenderán a plenitud.

(66) Nótese que hemos decidido aproximarnos a *Tudá* como si fuese un libro cohesivo. Ello se debe a que los cuentos expresan más bien una realidad específica y son cual simples organismos de un cuerpo que sólo en su totalidad puede ser apreciado.

El soldado, ante la incertidumbre que le rodea, ve acrecentada su soledad, sin poder hacer nada al respecto:

> Otra vez se hace el silencio, un silencio pesado, que parece que se haya sentado entre ellos. Hablar es hermoso; hablar con un hombre. Hablar cuando se tienen muchas cosas que decir y al mismo tiempo no se sabe qué decir. Hablar cuando se sospecha que tal vez se habla por última vez... Los hombres deberían hablar más entre ellos, conocerse mejor. A fin de cuentas, ¿qué sabe cada uno de los demás? ¿Y los demás de cada uno? Pasamos por el mundo a codazos, hiriéndonos o amándonos, pero sin conocernos (página 97).

Al caer el énfasis de *Tudá* en la revelación de los efectos de la guerra sobre el hombre, la efectividad de los métodos narrativos es fundamental para que la colección logre sus objetivos. Son muchas las vías explotadas por Romero para que el lector pueda ser copartícipe de lo que padecen los soldados. Es muy común el uso del monólogo interior indirecto (p. 101), de los diálogos (p. 143), del monólogo interior directo en singular y plural (pp. 115 y 117, respectivamente). Estas técnicas son en general efectivas durante los primeros cuentos. Más tarde, sin embargo, es tan grande el predominio del monólogo interior, que resulta monótono al lector (véase el «Soliloquio del centinela», por ejemplo) (67). Quizá contribuya a este efecto de monotonía el énfasis puesto en la presentación de las rutinas diarias de los soldados. El cuento «La partida» ilustra nuestra opinión: aquí, entre otras cosas, se observa a una compañía de artilleros sosteniendo conversaciones que carecen de toda profundidad; se habla por hablar.

CONCLUSIONES

Tudá es una colección de cuentos con un objetivo ambicioso: dar los efectos de una guerra sobre el hombre que lucha en ella. En dos formas se intenta crear la imagen deseada: por medio de casos aislados y a través de la proyección de las vicisitudes de un soldado en sus colegas. De ambos acercamientos hay antecedentes en la ficción anterior de Luis Romero (i. e., *La noria, Carta de ayer, Las viejas voces*). Sin embargo, la colección se prolonga tanto, que llega a ser monótona, debido en parte a las muchas repeticiones de las circunstancias que aparecen en cada cuento y al dominio que ejerce el monólogo interior a finales de *Tudá*. En contraste con *Esas sombras del*

---

(67) Ya este defecto ha sido notado por Alborg, p. 325.

trasmundo, el otro libro de cuentos de Luis Romero, *Tudá*, es un fracaso, porque los objetivos de su autor pasan a ser cansadamente manifiestos al lector.

«LA NOCHE BUENA» Y LA PRESENTACION DE LO OBVIO

Aparece *La noche buena* en 1960. En contraste con las obras anteriores de Luis Romero, es esta novela muy pobre, debido al obvio simbolismo que la caracteriza. Como se sabe, la noche buena ocurre el 24 de diciembre, en la víspera del nacimiento de Jesucristo. Es este momento histórico el que Romero intenta recapturar en su obra. En *La noche buena* se ve a una pareja que llega a una gran ciudad y que no encuentra hospedaje. Sus nombres son María y José. Ellos tienen un hijo en la noche de su llegada (el 24 de diciembre) en un vagón de ferrocarril destinado al transporte de animales. Esa noche reciben la ayuda providencial de un viejo llamado Angel, quien cree que el nuevo niño es el hijo de Dios. Angel se convierte desde ese instante en el portador de la noticia de la llegada de la criatura (68).

TEMA

La semejanza entre los nacimientos de Cristo y del niño en *La noche buena* sirven para recalcar ciertos factores que predominan en la vida y que constituyen el tema de la obra: la coexistencia del bien y del mal. El bien es ejemplificado por Angel y todos aquellos que ayudaron a María y a José. Es evidente que la asistencia de estos individuos es tomada como una intervención divina:

> —Aguardaremos hasta mañana. Estamos bien; ahora todo ha pasado. Ha sido primero un gran susto, pero nos ha ayudado una mujer, que ni siquiera sabemos quién es, y que no veo ahora por aquí. Se ve que estaba de Dios que todo ocurriera como ha ocurrido (p. 186) (69).

El mal, por su parte, se verifica a través de la indiferencia del mundo a los sufrimientos y necesidades de su prójimo:

> Todas estas gentes viven la alegría del momento, la alegría pasajera de esta noche, en que el frío parece que es menos frío; la miseria, menos miseria, y la soledad, menos soledad. A causa de esta leve embriaguez que a todos acompaña, nadie advierte que María y José pasan junto a ellos (p. 65).

(68) Aparecen elaboradas las semejanzas a que nos referimos en los páginas 116, 158, 168, 177, 190 y 209. Referencias y citas a *La noche buena* de la edición publicada en Madrid por Ediciones Cid en 1960. Sobre el claro simbolismo de la novela se ha referido Alborg, p. 328.

(69) Otros buenos ejemplos en las páginas 153 y 228.

Nadie la ve ni se ocupa de ella; es como un objeto más, inútil, en este inmenso desván de los vagones olvidados, de las vías entre cuyas traviesas crece la hierba; de los montones de escoria y de basuras, de los rieles apilados geométricamente. Es como un objeto más; solamente se diferencia en que, aunque sea precariamente, vive (p. 95).

En el primer trozo aparece todo el mundo tratando de disfrutar un día que se supone sea especial para en esta forma poder olvidarse de sus realidades: frío, miseria, soledad. En el segundo, una pobre vieja se ve tratada cual un objeto sin importancia. Lo que se percibe en estas citas son algunas de las razones que provocan la existencia del mal y sus efectos. El hombre no se ha dado cuenta todavía que en su intento de no admitir la realidad que le rodea y a la cual pertenece está contribuyendo a perpetrarla, a eternizar ese vacío de la vida en que se encuentra diariamente: «Mañana será un día igual a hoy y ayer fue idéntico a lo que será pasado mañana. Se extravió en un pozo, en un largo túnel, cuya boca de luz sabe que no alcanzará nunca» (p. 110) (70).

TECNICAS

La idea de la coexistencia del bien y del mal queda reafirmada en *La noche buena* a través de la presentación de sucesos que ocurren simultáneamente. Son muchas las acciones donde varias cosas suceden al mismo tiempo, sirviendo ello para darle mayor densidad a cada instante que transcurre (71). Lo que esta densidad consigue es dejarle percibir al lector que al mismo tiempo que un hombre habla de mujeres, hay otros hablando de sus obligaciones; es posible, por tanto, que mientras alguien comete malas acciones haya otros que favorezcan el bien.

Estructuralmente, *La noche buena* se ve dividida en capítulos. La división está regida por la perspectiva de un personaje (como José), por quien se entera el lector de las circunstancias de lo que ocurre.

Los métodos de expresión usados en *La noche buena* son esencialmente tres: diálogos (p. 22), monólogos interiores indirectos (pp. 20 y 21 y 95) y los comentarios de un autor omnisciente, quien en ocasio-

---

(70) Relacionadas a la necesidad de cambio en el hombre están las dos últimas páginas de la novela (271-272), aunque aquí el enfoque sea algo distinto. Se aboga implícitamente en esas páginas por el ejercicio del bien no con actos públicos, sino con el objetivo de ayudar al prójimo (que en sí no es más que ayudarnos a nosotros mismos).

(71) Véanse ejemplos en las páginas 138-142 y 172-175.

nes da un enfoque especial a lo que observa un personaje como María (lo destacado es nuestro):

> Se miran; la palabra «hotel» les asusta y decepciona. Como la entrada está desierta y a nadie se ve tampoco tras los cristales, María se arriesga a atisbar por la vidriera. *Es un hotel vetusto, rancio, que envejeció en aquellas callejas caducadas.* Dos palmeras enanas, colocadas en sendos tiestos, flanquean la entrada (p. 58).

Por supuesto, ella ve la vejez del hotel, pero es el narrador quien pone en perspectiva lo que ella mira al asociarlo con la zona en que se encuentra el hotel. Otro ejemplo es cuando el narrador especula sobre los motivos de las gentes en un tranvía mientras se divierten a costa de María y José:

> El tranvía viene repleto de hombres y mujeres que han terminado su jornada de trabajo. Los pasajeros se apelotonan junto al conductor. Han visto a esos dos pueblerinos que caminan cargados entre los rieles. Cuando el conductor anuncia en voz alta su propósito de asustarles, todos se regocijan. Posiblemente la oscuridad no les permite ver la pobreza de sus vestidos, la dolorida deformidad de sus zapatos y la preñez de la mujer. Cuando están muy próximos, con una mano atenta al freno, el conductor acciona, con violencia y continuidad, el timbre de pie. Todos ríen viéndolos saltar despavoridos para ganar la acera (p. 74).

En esta ocasión el narrador opta por abandonar su omnisciencia por un instante para crear la impresión de que la gente que iba en el tranvía puede que haya actuado con ignorancia.

CONCLUSIONES

Como se ha visto, no es *La noche buena* una obra innovadora en lo técnico ni de gran profundidad temática. Estas dos características suyas son las que permiten una asociación entre *Tudá* y la novela que acabamos de considerar. En los dos libros, Luis Romero ha malgastado sus habilidades al abusar de lo obvio.

«LA CORRIENTE» Y EL MUNDO NOVELESCO

La corriente apareció en 1962, sin despertar gran interés en la crítica (72). En su título, Luis Romero condensa una noción importante de la novela: la vida es una corriente que siempre avanza y continúa.

---

(72) Sólo conocemos la reseña escrita por José Marra-López, *Insula*, 192, noviembre de 1962, 8.

La importancia que le atribuimos al título es clara si se tiene en cuenta que en *La corriente* se ven personajes que aparecieron ya en *La noria* (1951), *Las viejas voces* (1955) y *Los otros* (1956) (73). O sea el fluir vital iniciado en esas novelas ha continuado en *La corriente.*

De *La noria* se ven en *La corriente,* entre otros, el homosexual Arístides (pp. 9 y 78) (74), «El *Sardineta*» (p. 13) (75), la pareja de González y Elvira (p. 20) (76), mosén Bruguera (p. 37) (77), Jorge Mas (p. 39) (78), la criada de la casa de Alicia (p. 44) (79), Raquel (p. 48) (80), la prostituta Dorita (p. 54) (81), Carlos Pi (p. 63) (82), Trini (p. 69) (83), Pepe Rovira (p. 92) (84), Alicia (p. 112) (85), Ignacio Dalmau (página 112) (86), el mecánico Esteban (p. 152) (87), Lola (p. 159) (88), Juanchu (p. 174) (89), la enfermera Hortensia (pp. 189 y 256) (90), Felipe (p. 246) (91), Llorach (p. 271) (92), el taxista Manuel (p. 287) (93) y el profesor Alvaro (p. 302) (94). De *Las viejas voces,* por su parte, se tiene una referencia al bar de Carlos (p. 282). Un personaje de *Los otros,* que aparece también en *La corriente,* es uno de los guardias que hirió al atracador y quien figura en *La corriente* narrándole el suceso a un nuevo compañero (pp. 141-145).

Queda recalcado además el fluir del proceso vital en *La corriente* por medio de menciones que algunos personajes hacen a sucesos y actividades de hace unos diez años, cuando ellos aparecieron en *La noria* (95). Vale notarse que, si bien la reaparición de personajes

---

(73) Marra-López se ha referido a cómo en *La corriente* hay mucho de *La noria* porque los mismos personajes vuelven a aparecer. La evaluación de este crítico es más bien negativa y no establece relaciones entre el título de *La corriente* y la reaparición de entes de ficción.

(74) Referencias y citas a *La corriente* de su 2.ª edición, Barcelona, Ediciones Destino, 1966. La figura de Arístides se ve en *La noria* en la página 72 (la sigla «N» será usada en adelante para referirnos a *La noria).*

(75) *N,* p. 217.

(76) *N.* capítulos titulados «Pequeño Problema» y «Gente Honrada».

(77) *N,* p. 271.

(78) *N,* p. 123.

(79) *N,* p. 60.

(80) *N,* p. 113.

(81) El primer capítulo de *La noria* («Madrugada galante»).

(82) *N,* p. 98.

(83) *N,* p. 164.

(84) *N,* p. 174.

(85) *N,* p. 58.

(86) *N,* p. 52.

(87) *N,* p. 224.

(88) *N,* pp. 23 y 110-111.

(89) *N,* p. 10.

(90) *N,* p. 195.

(91) *N.* p. 143.

(92) *N.* p. 256.

(93) *N* p. 16.

(94) *N,* p. 31.

(95) Véanse ejemplos en las páginas 15, 21, 79 y 119.

es una reafirmación de la corriente de la vida, ello también establece la existencia de un mundo autónomo imaginado, donde residen entes de ficción con vidas propias.

TEMAS

Los temas de *La corriente* son similares a los de *La noria* y a los de las demás obras de Luis Romero. Contienen, en fin de cuentas, los problemas vitales del hombre: su soledad, desorientación y vacío en la vida, falta de comunicación, el efecto de los años sobre el ser, injusticias sociales. Todos ellos están muy relacionados entre sí (96). El individuo se siente solo por su inhabilidad de comunicarse con quienes le rodean y por la indiferencia y los abusos de la sociedad que le circunda. Producto de su soledad es su desorientación: no sabe si vale la pena lo que hace, el tiempo que dedica a sus actividades. Al malgastar el tiempo, esta posibilidad, es importante a su vez, porque el hombre se da cuenta que envejece y que cada día que transcurre no podrá ser vivido nuevamente.

Relacionado a los temas de *La corriente* es el final lleno de esperanzas con que termina la obra. Como en el último capítulo de *La noria*, se establece una relación entre la luz del nuevo día y la necesidad de que en el mundo haya posibilidades de mejora. En otra forma cabría preguntarse: ¿para qué existir?

> Un instante de terror traspasará a esta generación; cuando su hijo alcance la edad adulta estarán al fin fuera del túnel, respirando el aire libre. A pleno sol, los terrores parecerán vanos. Si no fuera así, si no estuvieran todos convencidos de que es así, ¿cómo engendrar hijos, cómo alegrarse de su nacimiento? Hay que aprestarse a desafiar la pesadilla, que todo el miedo caiga sobre las propias espaldas para que los niños nazcan libres de temor. Es imprescindible creer que así sucederá (p. 312).

> Es de día, enteramente de día. Está a punto de salir el sol, que impartirá su luz por toda la ciudad, iluminando hasta sus más hondos rincones (p. 313).

TECNICAS

La acción de *La corriente* ocurre en un día, aunque a la novela se le añade una mayor densidad temporal a través de los recuerdos de los personajes. La obra se subdivide en capítulos, donde los

---

(96) Intentar presentar en qué consisten estos temas resultaría superfluo en esta ocasión. Discusiones de todos ellos ya han sido dadas al referirnos a otras obras. A continuación se ofrece una lista de páginas donde es posible encontrar ejemplos de los temas que hemos mencionado. Soledad y desorientación: 11, 23, 24, 74, 211, 303 y 307. Vacío en la vida: 100, 102, 104, 123, 163, 214, 302 y 312-313. Falta de comunicación: 232. Efecto de los años: 98 y 101. Social: 22, 24, 28, 41, 81, 137, 138, 145, 234, 240, 293, 294 y 295.

sucesos que ocurren en este día aparecen presentados. Se centran los capítulos en personajes que ejecutan acciones de distinta naturaleza, las cuales en su totalidad le otorgan una unidad orgánica a la novela. Esta unidad emana de la aparición de un mismo personaje en varios capítulos (97) y de las menciones a incidentes aparentemente menores en las conversaciones de muchos personajes. Exponente de esta última técnica son las repetidas referencias a Rodrigo y su sorpresiva muerte (pp. 58, 79, 209, 281, 285 y 286). Ricos y pobres, desde sus distintos ángulos, se refieren durante el día en que transcurre la acción de *La corriente* a la muerte de este hombre.

Relacionado a la estructura de la obra es el intento de otorgarle mayor densidad a cuanto ocurre a través de la presentación de acciones simultáneas:

> Apura las últimas gotas que quedaban en la copa y la contempla con desolada expresión. Arístides se lleva a la boca el líquido rojo y translúcido.
>
> —Déme otro doble.
>
> Por el paseo de Gracia, que ahora se ilumina con un sol brillante, desfilan los automóviles con sus colores relucientes, como una cabalgata veloz y fantástica. Mujeres jóvenes y bien vestidas, hombres que van o vienen de sus obligaciones, señoras que pasean a sus hijos o a sus perros. Los árboles presentan sus ramas crispadas, de las que cuelga amarillento el recuerdo de las hojas. La vida está ahí fuera, en los hombres y en las mujeres, en los niños, en los perros, en los automóviles, en las hojas secas y en el viento que las decapita, y aquí dentro, en el coñac, en el rojo Campari y en la amistad incompleta de este Arístides, a quien la muerte de un amigo ha acongojado.
>
> —Desde que he llegado a España me siento más joven (p. 82).

La densidad a que nos referimos y que ilustra el trozo anterior es temporal. Al ocurrir muchas cosas al mismo tiempo, logra *La corriente* dar la impresión de que cuanto narra es una visión parcial de un día en el río de la vida: de ese río hay facetas no discutidas en la novela; existencias no mencionadas que, sin embargo, la obra nos deja saber existen.

Entre los medios expresivos de *La corriente* figuran el monólogo interior indirecto (pp. 7 y 49) y el monólogo interior directo. Este último responde al diálogo mental y silente que Raimundo sostiene con los que le rodean:

---

(97) Por ejemplo. Felipe y su bar aparecen en los capítulos «El bar» y «Titirimundi»; Berta y su familia, en los capítulos «La familia», «Berta, la buena» y «Almas y cuerpos». En general los títulos de estos capítulos se refieren a la esencia de lo que ellos contienen.

Podéis iros al diablo el humo y tú; he fumado miles de cigarrillos turcos y egipcios y negros y castaños; eso sin contar los cigarros habanos, que tampoco me privé de ellos, y tú, pequeño caponcete, me vienes a preguntar si me molesta el humo. ¿Crees que estamos hechos de la misma pasta? Eres sobrino mío por casualidad y gracias a Dios no nos parecemos ni en el blanco de los ojos; sólo miligramos de sangre debes de llevar de la mía, un pequeño espermatozoide... (p. 147).

Otro medio es el diálogo entre los personajes. En ocasiones este método actualiza, pone dentro de un contexto real, los pensamientos que aparecen en el monólogo interior indirecto, dándole mayor vida a lo presentado:

La tía Nieves le ha planteado el problema: si no consiguen reunir la cantidad en un plazo determinado, les pondrán a los tres «de patitas en la calle». Es un derecho que le asiste al propietario y que no se privará de ejercer.
—¿Sabes a quién vi ayer? Te lo quería decir y luego no me acordé.
—¿...?
—A Roberto..
—¿Qué Roberto?
—¿Cómo qué Roberto? Aquel amigo tuyo que venía al despacho y que emigró a no sé dónde (pp. 120 y 121).

Relacionado a los monólogos interiores está la omnisciencia del autor:

Cada minuto de retraso es un atentado contra el bolsillo, de donde salen salarios, sueldos y honorarios de toda especie y condición. Tratando con gente distinguida uno se instruye; desde hace años, al *Sardineta* le gusta seleccionar sus relaciones (p. 17).

En este pasaje el narrador se asimila a las ideas del *Sardineta* para ofrecer una visión más completa de ellas. La omnisciencia a que nos referimos no es siempre efectiva. Hay momentos en que el narrador se vale de ella para evaluar seres o circunstancias (lo destacado es nuestro):

González no es un agudo observador; abstraído en sus problemas y obsesionado por su trabajo, apenas se ocupa de los demás, a menos que reclamen su atención por algún hecho o circunstancia concretos. *El se excusaría alegando que no dispone de tiempo para perder, y no carecería de un punto de razón* (p. 23).

Al hablar de González, el narrador afirma que no es un profundo observador y procede acto seguido a imaginarse cómo respondería González ante esta acusación, al mismo tiempo que justifica la presunta respuesta del personaje. Ejemplos como éste detraen de la obra, porque todos los medios de expresión deben estar en función de un sondeo de los personajes, y este sondeo pierde autenticidad cuando no se puede precisar frecuentemente (98) dónde termina lo que piensa un personaje y dónde comienza la perspectiva del narrador. La intromisión a que nos referimos no es nada extraordinario en la obra de Romero. Ya nos hemos referido, en forma negativa, a la ausencia de distancia entre el creador y sus creaciones en varias ocasiones.

Es también un recurso técnico de *La corriente* la doble perspectiva con que se presentan algunas cosas:

> Se mira en el espejo que hay a la izquierda del mostrador; lo hace con disimulo. No queda descontento de su aspecto de hombre maduro, evidentemente obeso, pero con aspecto de poderoso y respetable; las condiciones que más atraen a las mujeres (páginas 55 y 56).

> No hay más que verle cómo se mira disimuladamente al espejo. Es capaz de suponer que la conquistaría por su linda cara. ¡Y menuda barriga tiene! (p. 56).

> Ahora le tocará tomarse unos aperitivos con Dorita —hay que celebrar el encuentro inesperado— y cenar en un buen restaurante. Tratará de evitar que se obstine en improvisar la cena, pues si en otros aspectos está adornada de todas las prendas, en la cocina no pasa de mediocre (p. 170).

> Juancho está sentado a la mesa ante ella; disfruta de buen apetito. Han cenado tarde porque se ha esmerado en el menú. Hay que complacer a los hombres, y a Juancho nada le seduce tanto como la buena mesa (p. 235).

Sirve esta técnica para recalcar las diferencias entre los puntos de vista que tienen distintos individuos. Son tales diferencias las que permiten, en parte, la existencia de los temas de la novela.

Son además métodos más bien técnicos en *La corriente* las referencias a Barcelona y a nombres de personas que históricamente han existido (*i. e.* Américo Castro y sus ideas, p. 304). Es obvio que al colocar la novela en un contexto real ello contribuye a nuestra aceptación de lo que contiene. Relacionado también al efecto de realidad lo son ciertos chistes vulgares, muy apropiado a lo que acontece cuando aparecen:

> —Veo que ya le conoce usted. Es el que llaman «El *Pencas*». No creo que la política le preocupe. Ve usted, si hubiere aparecido una mujer desnuda o una...; bueno, usted ya me comprende, sí sospecharía de él.

---

(98) Algunos ejemplos en las páginas 24, 56, 59, 67, 78, 92, 104-106, 115 y 272.

—Pero quién sabe si por broma...

—Por broma hubiese dibujado una cochinería, con pelos en su sitio y todo. Perdonen, ¡eh!, si hablo de esta manera (p. 126).

El chiste, sin lugar a dudas, nos hace copartícipes de lo descrito.

CONCLUSIONES

En *La corriente*, Luis Romero ha escrito una obra muy consistente en lo temático con su producción anterior. Los problemas existenciales del hombre siguen siendo fundamentales para el novelista. En el campo técnico, si bien *La corriente* es bastante efectiva, adolece de males ya vistos en otras novelas de Romero. De innovador, es necesario admitir, hay poco en ella. Sin embargo, se destaca Luis Romero en *La corriente* por su uso de personajes que ya habían tenido cabida en otras de sus obras. Es, pues, en esta ocasión Romero un autor que afirma la realidad de sus creaciones al tratar de establecer la existencia de ese mundo autónomo donde ellos viven.

«EL CACIQUE» Y LO VALLEINCLANESCO

En 1963 recibió Luis Romero el premio «Editorial Planeta» por su novela *El cacique*. Esta obra despierta nuevamente el interés de varios críticos (99), aunque superficialmente.

TEMAS

El tema más importante de la obra es el caciquismo. Ello lo corrobora el título de la novela. Por todo *El cacique* se ve a un pueblo que comenta con temor y odio (100) la reciente muerte de su caudillo local. Este hombre, cuyo nombre nunca es dado, convierte en una figura arquetípica de lo que un cacique es normalmente (101).

Por supuesto, el tema del caciquismo tiene sus raíces en una sociedad donde predominan las injusticias sociales. En el mundo de *El cacique* la riqueza todo lo puede, y su posesión lleva a la explotación de las masas por unos pocos:

Trajeron dos parejas de la Guardia Civil. El difunto las hizo venir, diciendo que los braceros andábamos amotinados. Entonces,

---

(99) Véase a Paulino Posada, reseña de *El cacique, índice de artes y letras,* 182, marzo de 1864, 27; Casado, pp. 122-123, y a José R. Marra-López, reseña de *El cacique,* Insula, 208, marzo de 1964, 9.

(100) Véanse algunos ejemplos en las páginas 13, 15, 21, 22, 27, 45-49, 72, 216-218 y 244. Referencias y citas a *El cacique* de su 8.ª edición. Barcelona. Editorial Planeta, 1967.

(101) Sostiene una creencia similar Posada, 27.

con todos los criados de la casa y «El *Guapo*» al frente de ellos, fueron a varear la aceituna. Mandó que las piaras, que también eran suyas, las trasladaran al olivar, y allí los cochinos comieron toda la aceituna hasta que no quedaron ni los huesos. El difunto dejó perder la cosecha, que valdría lo menos dos mil duros, antes que pagarnos dos reales más de jornal (pp. 296 y 297).

Fuente de las injusticias en la novela es el cacique, aunque ya se ven en ella las semillas de otro régimen despótico:

—¿Qué le parece, Eloy, si fuéramos, como quien no quiere la cosa, a hacer una visita a don Froilán? Acompañados de don Gabriel, naturalmente.

—¿Y si se enteran en la casa?

—Nosotros somos libres de visitar a quién nos plazca (p. 67).

—Si salimos bien de este atolladero, y conste que no las tengo todas conmigo, alguien nos ayudará. Todos van a necesitarnos. Será don Froilán, o el alcalde, don Pablito, don Eloy o don Ceferino, pero tarde o temprano todos vendrán a caer aquí. Esté usted tranquilo, López. Nosotros representamos la Justicia, y sin justicia no hay pueblo que pueda vivir (p. 101).

El alcalde con sus colegas se aproximan también a don Froilán. Muchos de los presentes le rodean; pugnan por estrecharle la mano o por hablarle; él se mantiene grave, atento pero distante (p. 319).

En los tres pasajes se especula sobre quién reemplazará al difunto.

Además del caciquismo y lo social, hay otro tema en la obra: la codicia. Este tema atañe más que nada al individuo, aunque en realidad es la fuerza motriz que impulsa a los otros dos temas. Codicia experimentan todos por la sortija que lleva el muerto consigo. La sienten sus hijos, sus criados, las gentes del pueblo, los titiriteros semigitanos y aun las autoridades regionales que vienen al entierro: «¡Hermosa sortija! —dice el gobernador—. —Un regalo de nuestra difunta madre; nunca se la quitaba de encima. Los hijos hemos decidido que le entierren con ella; así le hará compañía eternamente» (p. 276) (102).

TECNICAS

La novela ocurre en día y medio: de la muerte del cacique hasta la noche después de su entierro, cuando su tumba es robada por los titiriteros. *El cacique* está dividido en capítulos que se preocupan de los distintos personajes y escenarios. Sobre un mismo lugar o un mismo individuo es común que haya dedicados varios capítulos.

---

(102) Nótese que el hijo del cacique se expresa en esta ocasión hipócritamente.

En contraste con las demás obras de Romero, en *El cacique* los medios de expresión que prevalecen son el diálogo (p. 11) (103) y la descripción. También se descubren monólogos interiores indirectos (pp. 5 y 74) y la presencia de un narrador omnisciente (pp. 197 y 215).

En verdad, recae lo innovador de *El cacique* en algunos de sus pasajes descriptivos. Esos pasajes a que nos referimos están impregnados de ciertas características que recuerdan, aunque sin mayor elaboración, el estilo esperpéntico de Valle-Inclán. A través de la novela se nota una fascinación por los valores plásticos explícitos e implícitos en la figura humana:

> —Todo el vientre hinchado y manchas verdosas por la cara. Y el resto, salvo el vientre, muy sumido (p. 30).
>
> Isabel hunde la cabeza entre los hombros y se cubre el rostro con las manos. A Daniel se le dilatan las ventanas de la nariz y hace una mueca de repugnancia.
>
> —Aquí apesta, vidita; yo me salgo a la sala. Por complacerte he hecho el paripé... (p. 73).
>
> —Yo no hablo; prefiero guardar silencio. A su hora se sabrá todo. Me he excedido por complacerle, y el resultado ha sido contraproducente.
>
> Don Pablito se quita el cuello y la corbata. El pasador salta, y como cae sobre la alfombra no hace ruido. Se agacha a buscarlo; tantea entre sus pies y la pata de la mesa y no le encuentra. Cuando se incorpora tiene el rostro congestionado (pp. 54 y 55).
>
> Los despide con un ademán y no se pone en pie. Cuando se queda solo, arroja el cuello postizo sobre la mesa. El cuello rebota, rueda y cae en la alfombra (p. 56).

En los dos primeros trozos se describe directamente al muerto en su apariencia, colorido y olor. El tercero y el cuarto se concentran en detalles plásticos de las acciones de don Pablito. En todos ellos se percibe una emoción estética, un intento de apelación a los sentidos del lector que recuerda a Valle-Inclán (104). ¿Con qué otro autor que no sea Valle-Inclán podría establecerse una relación cuando se lee el siguiente párrafo?:

---

(103) Con acierto, Casado, p. 122, ha notado que los diálogos en *El cacique* responden a que en esta novela «hay que exponer y hacer la realidad más que narrar sucesos». Por su parte, Posada, 27, ve el uso del diálogo como excesivo.

(104) Sobre el arte de Valle-Inclán antes de la Primera Guerra Mundial véanse las excelentes palabras de Sumner Greenfield: *Valle-Inclán: Anatomía de un teatro problemático*, Madrid, Editorial Fundamentos, 1972, p. 22:

> Para el Valle-Inclán de la preguerra los valores plásticos de la figura humana son una fuente sin límite de la emoción estética. De ellos vienen, por ejemplo, efectos impresionistas, macabros y satánicos, evocaciones del pasado y de esencias arquetípicas, exotismos modernistas, y una infinidad de cuadros y poses. Implícito en muchas de estas estilizaciones físicas, explícito en otras, es el impulso deshumanizante: sombras, siluetas, cuerpos alargados, el enfoque de porciones del cuerpo, y, en la época 1910-1913, el fantoche, la máscara y el sostenido uso de lo grotesco.

> Los pasos resuenan en la escalera. Isabel se guarda el pañuelo
> en la bocamanga; don Pablito se seca en los fondillos del pantalón
> las manos, que le sudaban, y don Cristóbal, que se disponía a abrir
> la petaca, la deja otra vez en el bolsillo lateral y se abotona la
> chaqueta (p. 12).

La escena da una concentración de actividades simultáneas, y tal
parece que una cámara cinematográfica estuviera enfocando una por-
ción tan indigna como «los fondillos del pantalón». No debe olvidarse
que en Valle-Inclán lo descriptivo responde a un «impulso deshumani-
zante» y que el fragmento anterior le da un cariz de cuadro estático
a lo descrito en él, llegándose a olvidar de las características humanas
de los personajes. En otras ocasiones, y dentro del contexto en que
ocurren, aparecen descripciones que provocan un efecto más bien
grotesco:

> Un murmullo de asentimiento sucede a las palabras de don
> Froilán. Zabala se distiende, cruza las piernas, hace una mueca y
> se sonríe, mostrando la dentadura hasta los colmillos.
> Don Eloy resopla; apoya ambos pies en el suelo y los codos
> en las rodillas; bascula el cuerpo hacia adelante; eructa con di-
> simulo, cubriéndose la boca con el dorso de la mano, y levanta
> la cabeza para mirar a los contertulios (pp. 185 y 186).

Ocurren las actividades descritas en la cita después que don Froilán
ha expresado que, ahora que el cacique está muerto, no desaparecerán
sus métodos de opresión; más bien se seguirán usando, aunque por
ellos y no por el muerto. Los párrafos que siguen a los comentarios
de don Froilán —los que hemos citado— describen la reacción de
quienes lo han escuchado en forma plástica. Zabala y don Eloy adquieren características de animales. En el caso de Zabala, el énfasis
de la animalización —técnica muy común en Valle-Inclán— reside en
sus dientes y colmillos. Don Eloy, por su parte, queda como un toro
listo a luchar; resoplando, el cuerpo inclinado, la cabeza levantada y
los pies en el piso. El eructo de don Eloy además le otorga a su
figura proporciones grotescas. Ambos personajes en sus movimientos
establecen semejanzas entre la arenga de don Froilán y la forma en
que se desenvuelven cuando piensan convertirse en los herederos
políticos del cacique: cual bestias.

La importancia plástica de *El cacique* es considerable, a pesar de
que no siempre responda, como en el caso del último ejemplo citado,
a la mejor expresión de lo que la novela presenta temáticamente.
En ocasiones lo plástico, más que nada, intenta la creación de una

atmósfera negativa a las clases opresoras. Un ejemplo lo ofrece el gobernador al entrar en el pueblo:

> El señor gobernador se descubre y se enjuga el sudor de la frente. Se introduce brevemente el meñique en uno de los orificios de la nariz; se suena y se guarda el pañuelo en e! bolsillo del pantalón, operación que le obliga a una serie de movimientos que fuerzan a ladearse al alcalde (p. 259).

Sus actos, al no ser apropiados, le restan dignidad (105).

No se nos escapa que en el caso de *El cacique* las semejanzas con el arte de Valle-Inclán son bastante rudimentarias, debido a que no es posible decir que esta novela esté concebida en su totalidad en forma esperpéntica. Es indudable que, siendo el personaje central de la obra uno solo —el cacique—, ello hubiera podido ser explotado más eficazmente por medio de lo plástico en lo que se refiere a sus características negativas (106). Sin embargo, no deja de ser un gran acierto y avance en el arte de Luis Romero su uso de descripciones que recuerdan el espíritu y función del esperpento (107).

Finalmente, un último aspecto técnico de *El cacique,* que deseamos mencionar, es su estructura abierta. Al terminar la novela no sabemos si las clases opresoras alcanzarán sus objetivos. Tampoco conocemos el contenido del testamento del muerto. Esas dos incógnitas dejan abierta la posibilidad de continuación de la obra: el lector no lo llega a saber del todo.

CONCLUSIONES

En *El cacique*, Luis Romero ha escrito una novela más superficial que la mayoría de sus obras en lo que a los temas se refiere. Es en un plano técnico en el que la novela se destaca, y ello ocurre solamente en uno de sus aspectos. No es *El cacique* innovadora en su estructura, ni tampoco lo es en ese medio de expresión que prevalece en ella (el diálogo). La importancia de la obra está en aquellos pasajes descriptivos que captan a veces la emoción estética de la figura humana en sus características plásticas, junto a lo grotesco y lo des-

---

(105) Recuérdense las palabras de un Max Estrella sobre la figura clásica:
> Los héroes clásicos reflejados en los espejos cóncavos dan el Esperpento. El sentido trágico de la vida española sólo puede darse con una estética sistemáticamente deformada. Ramón del Valle-Inclán, *Luces de bohemia*, Madrid, Espasa-Calpe, S. A., 1961, p. 106.

(106) Como hizo Valle-Inclán en *Tirano Banderas*.

(107) Ya Casado, pp. 122-123, ha comentado brevemente sobre lo esperpéntico en *El cacique*. Sin embargo, el énfasis de este crítico cayó sobre la figura de El Colibrí y su manera de expresarse.

humanizante en las descripciones. Es aquí donde Luis Romero se eleva como escritor, a la vez que se aproxima, aunque solamente por levísimos instantes, a don Ramón del Valle-Inclán (108).

DEDUCCIONES GENERALES

Después de concluir con el estudio detallado de la ficción de Luis Romero se pueden deducir sus características primordiales.

Temáticamente, Romero pone atención especial en los problemas existenciales del hombre: su soledad, opresión de la sociedad y del cosmos, vacío en la vida, evasión de la realidad, preocupación por los efectos del tiempo sobre el individuo, incapacidad de comunicación entre los hombres. Uno o varios de estos temas figuran en las obras de Romero bajo una de dos perspectivas —y a veces ambas—: la individual y la colectiva.

En un plano técnico, la contribución de Romero a la ficción no puede ser calificada de extraordinaria. Dentro de su producción se percibe un desarrollo. De *La noria*, una de sus mejores novelas, cae con *Carta de ayer*, su peor libro. *Las viejas voces*, su tercera novela, constituye un tipo de reconciliación entre el uso de las perspectivas genéricas y las individuales. La siguiente obra, *Los otros*, es una novela que nos recuerda *La noria*, debido en parte a la atmósfera donde ocurre y a la interrelación entre sus temas y estructura. El salto dado por nuestro autor entre *Los otros* y *Esas sombras del trasmundo* es gigantesco. En esta colección de cuentos se observa el uso de técnicas experimentales: absurdismo, intemporabilidad, distanciamiento. Todos estos procedimientos están en relación directa con la perspectiva del más allá que rige al libro. Si el salto entre *Esas sombras del trasmundo* y *Los otros* fue grande, aún lo es mayor el de la colección de cuentos y *Tudá* y *La noche buena*. Ambas obras (cuentos y novela) pecan por obvias y tradicionales. Desde *La noche buena* ha experimentado el arte de Romero un ascenso en *La corriente* y *El cacique*. *La corriente* establece la realidad de la ficción —su autonomía— por medio del uso de personajes que ya figuraban en otras novelas de Luis Romero. En *El cacique* lo extraordinario es el marcado énfasis plástico en las descripciones humanas. Este énfasis explota lo grotesco como medio estético de expresión y nos recuerda las distorsiones esperpénticas de Valle-Inclán.

Saliéndonos de la línea evolutiva del arte de Romero, podemos indicar ciertas técnicas y errores que prevalecen en sus obras. El

(108) No concordamos con Marra-López, 9, cuando dice no creer que haya nada nuevo en *El cacique*.

monólogo interior —en sus muchas variedades— es común en la prosa de Romero y es usado como un vehículo que sirve para profundizar la realidad humana. También es usual ver funcionar la estructura de una obra en forma paralela a su tema. Desafortunadamente, acompañan a los aciertos los defectos. Entre estos úitimos figuran la intromisión del narrador en su obra, la excesiva e innecesaria longitud de algunos de sus escritos y la desmesurada claridad con que en ocasiones es dado todo en una obra.

Se puede concluir entonces que, en vista de sus temas y de sus aciertos y errores técnicos, Luis Romero no es todavía un autor triunfante. Sin embargo, sus últimas dos novelas (*La corriente* y *El cacique*) dejan ver la posibilidad de superación para que Romero está capacitado. Luis Romero, por tanto, merece ser estudiado por lo que ha escrito y por lo que potencialmente lleva dentro de sí (109).

* * *

(109) En esta ocasión desea Luis González del Valle dejar constancia de su agradecimiento al Faculty Research Committee de Kansas State University por haberle otorgado un «Faculty Summer Research Appointment» y otras becas.

ERRATAS ADVERTIDAS

Página 20, línea 16:

"decirse que es pobre la unidad entre los
capítulos, en sus lazos. Sin"

Página 24, nota 26, línea 8:

"said"s and "he thought"s and with his
explanatory comments. It should be empha-"

línea 11:

"reader (as the speaker of a stage mono-
logue is, for example). In short, the mono-"

Página 28, línea 2:

"Luis Romero: uno que merece mayor atención
que la que ha recibido a"

Página 32, línea 21:

"janza entre la novela que el protagonista
escribe y su vida (véanse las"

Página 37, línea 17:

"la perspectiva predominante es una de contraste entre el pasado de"

Página 45, línea 35:

"En estos trozos es obvio que alguien describe cosas que ha vivido"

Página 49, líneas 36-37:

"dio, presente, pretérito indefinido, pretérito perfecto y futuro imperfecto de indicativo, potencial simple, y pretérito
pluscuamperfecto de subjuntivo. Lo interesante"

Página 57, **línea** 14:

"dades. El malgastar del tiempo, esta posibilidad, es importante a su vez,"

Página 60, **línea** 40:

"No creo que la política le preocupe. Ve
usted, si hubiese aparecido"

Página 61, **línea** 15:

"existencia de ese mundo autónomo donde
ellas viven."

Línea 24:

"local. Este hombre, cuyo nombre nunca es
dado, se convierte en una"

* * *